なるにはBOOKS 61

社会福祉士・精神保健福祉士になるには

田中英樹　菱沼幹男　編著

ぺりかん社

はじめに

「困っている人を助ける仕事をしたい」

この本を手に取ったみなさんのなかには、こうした気持ちがあることでしょう。それは、自分の人生を自分のためだけではなく、ほかの人のためにも生きていきたいと思う気持ちでもあり、これから美しい花を咲かせていくつぼみとも言えます。しかし、人を支援《しえん》する仕事は、支援《しえん》される人を弱い立場に追い詰《つ》めることもあり、相手が咲かせることのできるはずだったつぼみを、つみ取ってしまう場合もあります。ましてや相手を支援《しえん》者の支援《しえん》欲求を満たす自己満足のための対象にしてはなりません。

そこで人を支援《しえん》する専門職として、社会はソーシャルワーカーという仕事を生み出しました。もともと、ソーシャルワーカーの源流となる支援《しえん》者たちは、貧しい人びと、苦しい状況《じょうきょう》にある人びとのもとへ出かけ、実態を把握《はあく》して必要な支援《しえん》を考えていました。その中で、銭や物品を与《あた》えるだけでなく、貧しい状況《じょうきょう》から抜《ぬ》け出していけるようにするための支援《しえん》や、貧しい人びとを生み出さないための社会のあり方について考えていくようになりました。

こうしたことからソーシャルワーカーは、相手に代わって問題を解決するのではなく、問題に直面している人びと自身が、よりよい生活に向かっていけるように支援《しえん》する専門職として位置づけられ、今日では世界各国で活躍《かつやく》しています。

日本《にほん》では、このソーシャルワーカーの国家資格制度として1987年に社会福祉《ふくし》士、1997年に精神保健福祉士が誕生《たんじょう》し、1999年から「なるにはBOOKS」シリーズにも加わりました。この社会福祉士、精神保健福祉士になるためには、養成校で勉強して受験資格を得る必要があり、養成課程のカリキュラムが法律で定められています。そして2019年には社会福祉士、精神保健福祉士養成課程のカリキュラム改正が行われ、本書も10年ぶりに改訂することになりました。

この間、社会の状況《じょうきょう》は大きく変化し、2020年以降、新型コロナウイルス感染症《しょう》により新たな生活困難が生じています。ソーシャルワーカーは社会福祉の現場で、人びとの生活を支えるために日々尽力《じんりょく》しています。改訂にあたり、今、第一線で活躍《かつやく》しているソーシャルワーカーの方々に執筆《しっぴつ》していただきました。高齢《こうれい》者福祉、障害者福祉、児童福祉、病院、保健所など、多様な施設《しせつ》・機関で働いているソーシャルワーカーの方々から、自分がどんな仕事をしているか、どんな思いで働いているかを、これからソーシャルワーカーをめざすみなさんへのメッセージとして語っていただきました。

一人ひとりのソーシャルワーカーには、それぞれの物語があります。そして出会った人びとの物語と合流し、新たな物語が紡《つむ》がれています。ソーシャルワーカーという仕事を知ることによって、みなさんの人生の物語が、自分にとっても、出会った人びとにとっても豊かなものになることを願っています。

編著者

社会福祉士・精神保健福祉士になるには　目次

【3章】

精神保健福祉士の世界・なるにはコース

＊本書に登場する方々の所属等は、寄稿時のものです。

［装幀］図工室　［カバーイラスト］ハラアツシ　［本文イラスト］熊アート　小林由枝

「なるにはBOOKS」を手に取ってくれたあなたへ

「働く」って、どういうことでしょうか?

「毎日、会社に行くこと」「お金を稼《かせ》ぐこと」「生活のために我慢《がまん》すること」。

どれも正解です。でも、それだけでしょうか? 「なるにはBOOKS」は、みなさんに「働く」ことの魅力《みりょく》を伝えるために1971年から刊行している職業紹介《しょうかい》ガイドブックです。

各巻は3章で構成されています。

[1章] ドキュメント 今、この職業に就いている先輩《せんぱい》が登場して、仕事にかける熱意や誇《ほこ》り、苦労したこと、楽しかったこと、自分の成長につながったエピソードなどを本音で語ります。

[2章・3章] 仕事の世界・なるにはコース 職業の成り立ちや社会での役割、必要な資格や技術、将来性などを紹介《しょうかい》します。また、なり方を具体的に解説します。適性や心構え、資格の取り方、進学先などを参考に、これからの自分の進路と照らし合わせてみてください。

この本を読み終わった時、あなたのこの職業へのイメージが変わっているかもしれません。

「やる気が湧《わ》いてきた」「自分には無理そうだ」「ほかの仕事についても調べてみよう」。

どの道を選ぶのも、あなたしだいです。「なるにはBOOKS」が、あなたの将来を照らす水先案内になることを祈っています。

1章

ドキュメント 支援の手を差し伸べる

ドキュメント 1

社会福祉協議会で活躍する社会福祉士

地域の“宝物”を活用して相談者を支える

豊《と》島《しま》区《く》民《みん》社《しゃ》会《かい》福《ふく》祉《し》協《きょう》議《ぎ》会《かい》
野《の》口《ぐち》茉《ま》衣《い》さん

寄稿者提供（以下同）

野口さんの歩んだ道のり

大学のゼミでコミュニティソーシャルワークを学んだことがきっかけで、福祉を仕事にすることを決意。大学卒業後より、豊島区民社会福祉協議会でコミュニティソーシャルワーカー（CSW）として働いている。地域の現場では、困っている人を適切なサービスや機関につなげつつも、その人自身の幸せや生きがいにもなっていくような支援《しえん》を心がけている。

福祉への関心をもつ

私は大学卒業後、豊島区民社会福祉協議会(以下、豊島区民社協)で働いています。入学当初、将来、福祉の道に進むとはまったく思っていなかった私が、どんなきっかけで福祉への関心を高めていったのか、お話ししたいと思います。

学生時代は福祉について勉強したものの、実際のところ大学を決める上での最優先事項《じこう》は、「ソフトテニスが強い大学に進むこと」。たまたま合格したのが福祉系の学部でした(笑)。決してまじめな学生ではなく、「何かの縁《えん》で入ったのだから、将来、役立ちそうな社会福祉士の資格を取っておこう」という軽い気持ちで資格取得をめざし始めました。

ただ、思い返せば、私には障害のある家族がいるため、知らず知らずのうちに福祉への関心が育っていたのかもしれません。

大学で学ぶうちに、また家族の生活をそばで見ていて気付いたことがあります。それは、「生きづらさが生じる要因=障害があるから」ではないということ。障害者・高齢《こうれい》者を取り巻く環境《かんきょう》に必要な情報が届けば、もっと生活しやすくなるのではないか、と漠然《ばくぜん》と考えたのです。

また、障害があっても豊富な知識をもち、楽しい話で雰囲気《ふんいき》を和ませてくれる方もいます。人に教えられるくらいの特技をもつ人も。障害者だから、高齢《こうれい》者だからといって、一方的に「支援《しえん》される人」という枠組《わくぐ》みでとらえることに違和《いわ》感を覚えていました。

その考えや違和感《いわかん》は自覚できないほどとても小さいものでしたが、大学のゼミでコミュニティソーシャルワークについて学んだことで、その気付きや思いが明確になり、福祉を仕事とし、力を注ぎたいという思いが生まれました。

CSWの役割は?

本を手に取ってくださったみなさんは、コミュニティソーシャルワーカー(以下、CSW)を知っていますか? CSWや地域福祉コーディネーターという名称《めいしょう》で全国的に設置が進み、少しずつ注目を集めている仕事です。

CSWは対象を限らず、支援《しえん》を必要とする人に寄り添《そ》い、住み慣れた地域で孤立《こりつ》することなく、その人らしい生活ができるよう活動しています。また、孤立《こりつ》している人を地域で見守り支え、その人がもつ力を発揮する機会を創るため、地域での支え合いの仕組みづくりにも力を入れています。

大学でCSWについて学ぶまで、福祉は高齢《こうれい》・障害・児童など、いずれかの分野を極め、「手を差し伸《の》べて支援《しえん》してあげる仕事」という印象をもっていました。しかし、大学の先生は、「地域は社会資源の宝庫であり、CSWはその地域の宝物を見つける仕事だ」と教えてくださいました。宝物は人や団体などがもつ力、周囲を気遣《きづか》う思い、さまざまな経験と、誰《だれ》もがもっていて、もちろん相談者からも見つかるものだと。福祉の印象が大きく変わりました。

また、幅広《はばひろ》いサービスをもつ行政機関、子どもの支援《しえん》を行っているNPO法人、地域で住民を見守っている民生委員・児童委員、経済的な支援《しえん》をしてくれる企業《きぎょう》、多様な知識や

電話での相談対応は大切です

技術をもつ学生など、たくさんの宝物が地域には存在します。そんな宝物を見つけ、力を借りながら、ともにまちづくりに取り組むことがＣＳＷの役割であり、やりがいを感じるところでもあります。

もっている力を活かすこと

このことを実感した印象的なできごとがあります。ひとり暮《ぐ》らしの高齢《こうれい》女性である佐藤《さとう》さん（仮名）からのご相談でした。認知症《しょう》が進み、自身の変化に戸惑っているようすで、「生きていても仕方がない、価値がない」と何度もくり返しおっしゃっていました。

お話をうかがうと、以前はお世話好きだったこと、和裁と洋裁が得意なことがわかりました。その力を活かして「あなたはいつまでも大切な方です」と感じてもらえるような取り組みがしたいと考え、佐藤さんに「イベントで配る小物づくりを手伝ってほしい」と声をかけました。

佐藤さんは、いきいきと積極的に活動に参加してくださり、イベントでは来場者への配布も手伝ってくださいました。「ありがとう」や「かわいい！」という来場者からの声を直《じか》に聞いて、さらにやる気がわいたようです。イベント終了《しゅうりょう》後は、「これからは子どもたちのおやつ代を寄付したい」という新たな目標をみずから見つけられました。

現在も作品づくりを続け、フリーマーケットで作品を販売《はんばい》し、子どもたちを支援《しえん》しているNPO法人に寄付をしていらっしゃいます。人は「支える」「支えられる」の両面をもっており、もっている力を活かす機会をつくることが重要なのだ、と考えさせられたできごとでした。

福祉の枠組《わくぐ》みだけでその人の生活を考えるのではなく、その人の得意なことや好きなことが発揮できる場、生きがいをもった生活を送ってもらうという視点がCSWには大切です。サービス提供をするだけではなく、その人の生活や暮《く》らしそのものを輝かせるお手伝いができるのが、福祉なのだと実感しました。

個別の相談から地域の支援《しえん》につなげていく

豊島区民社協では、コミュニティソーシャルワーク事業（豊島区より受託《じゅたく》）を実施《じっし》しており、現在18名のCSWがいます。区内（人口約29万人）を8圏域《けんいき》に分けて、それぞれの地域に2、3名ずつ配置されています。

CSWは、地域住民の身近な生活圏域《けんいき》の中で、気軽に相談してもらえるよう「地域区民ひろば」という小学校区ごとに設置された、公民館のような多世代交流の拠点《きょてん》に机を置いています。体操に来たついでに「ちょっと相談をしようかな」という方も多く、身近な存在であり、地域の一員だと感じてもらえることをめざしています。小地域に拠点《きょてん》があることで、連絡《れんらく》を受けてフットワーク軽く現場にかけつけることができるのです。

ＣＳＷの具体的な仕事内容は、「個別相談支援《しえん》」と「地域支援《しえん》活動」の二つに大きく分かれます。個別相談支援《しえん》は、赤ちゃんからご高齢《こうれい》の方まで、年齢《ねんれい》や障害の有無などにこだわらず、全世代が対象です。相談内容も、「福祉にこだわらず、生活や暮《く》らしの中で困ったこと、不安なことがあればなんでもご相談ください！　相談は断りません！」という姿勢。健康や介護《かいご》についての相談、子育てに関する相談、ひきこもりやゴミ屋敷《やしき》、外国人の言語の課題、なかには地域に住む猫《ねこ》による糞尿被《ふんにょうひ》害《がい》や庭の木が病気になったという相談まで、日々さまざまな相談が寄せられています。

また、そんな個別の相談支援《しえん》活動から、

地域住民とのミーティング

「この地域では○○の相談が多い」とか、「こんなサービスがあるといいのでは?」という分析《ぶんせき》を行って、地域支援《しえん》活動へとつなげます。

たとえば、最近では両親とも共働きの家庭や、ひとり親家庭もめずらしくありません。子どもの放課後の居場所が足りなかったり、誰《だれ》かに宿題を見てもらう機会が乏《とぼ》しかったりという現状があります。そこで、地域住民の方々や民生委員さんにご協力いただき、学習支援《しえん》活動を立ち上げました。「ないものはつくる!」こともCSWの仕事のひとつです。

また、地域住民の方が中心の活動について、サポートも行っています。新規参加者やボランティアの募集《ぼしゅう》、新たな活動拠点《きょてん》探しなど、運営上の困りごとがある時には、いっしょに方法を考え、解決を図っています。

ある日のCSWの動き

就業時間は、平日の8時30分から17時15分。土日祝日には、地域でのイベントが開催《かいさい》されることもあり、PRなどの目的で出勤することもあります。

8:30 朝礼 CSW全18名と課長、係長をはじめ同じ課に所属する職員が集合。各圏《けん》域《いき》・担当の予定確認を行い、報告事項《じこう》などを共有します。朝礼後はそれぞれの担当地域へ行き、バラバラに活動しているため、上司や他圏域《けんいき》を担当する職員と顔を合わせる大切な機会。日々ちょっとしたことを相談しています。

8:40 ユニット会議 1週間に一度、30分程度実施《じっし》している会議。となりの圏域《けんいき》を担当するCSWと事例の共有と支援《しえん》方針の検討をしています。1週間で対応した相談内容を共有し、対応が適切か、何かいい支援《しえん》方針はないか、見落としている点はないかなどを確認。難しい相談が入るとその対応を確認してもらったり、アドバイスしてもらったり。CSW同士での支え合いの機会にもなっています。

9：30 区民ひろばへ移動 メールチェックと相談記録の確認・入力、訪問準備。なかには電話での相談が難しく、メールでの相談を希望される方もいらっしゃいます。

10：30 訪問 30代の両親とお子さんのいるご家庭を訪問。両親とも障害があり、片付けが苦手で、家の中が物であふれて財布が見つからないとの相談です。家のお掃除《そうじ》には障害サービスや民間サービスの利用も検討しましたが、すぐに利用を開始することが難しいため、いっしょに家の整理をしました。

留学生との交流イベントのようす

12：00　お昼休憩《きゅうけい》

13：00　事務作業　訪問のふり返りや相談記録の入力、電話での相談対応。

14：00　NPO法人の視察　若者を支援《しえん》する団体の活動内容を視察。今後の連携《れんけい》について話し合い、地域とのつながりづくりや周知方法についての意見交換《こうかん》を行いました。

15：30　訪問　50代の父、20代の子どもの2人暮《ぐ》らしのご家庭を訪問。子どもは精神疾患《しっかん》があり、10年程度ひきこもり状態です。父の仕事が急になくなり、経済的にお困りとの内容でした。地域住民や企業《きぎょう》から寄付された食料を持参し、今の生活状況《じょうきょう》やこれまでの生活歴、趣味《しゅみ》のお話などをうかがいながら、経済的な課題を解決するご提案をしました。

16：30　区民ひろばへ戻《もど》る　CSWは基本的に2名で行動しているため、本日の動きや相談内容・対応についてふり返りながら、翌日以降やるべきことを共有。

17：15　退勤

福祉は特別なものではない

一般的《いっぱんてき》に「福祉」について、まだマイナスな印象が強く根づいているように思います。実際に、「福祉の世話にはなりたくない」という思いを聞くことも多々あります。

しかし私は、福祉は暮《く》らしのそばにあり、特別なものではないと考えています。〝福〟も〝祉〟も「しあわせ、幸い」という意味です。より幸せに生きるために、一人ひとりの幸せの形をともに考え、実現していくことが福祉なのではないでしょうか。

そのためにも、ソーシャルワーカー自身、いろいろな経験をし、充実《じゅうじつ》した生活や幸せな時間を過ごすことが大切だと感じています。

みなさんは、生活の中でどんな瞬間《しゅんかん》に「楽しい」と感じますか？　私は、友だちと他愛もない話をしたり、飲みに行ったり、アーティストのライブに行ったり、韓国《かんこく》ドラマを見ている瞬間《しゅんかん》が楽しく、幸せです。

地域住民向けの福祉勉強会を実施することも

利用できる制度やサービス、相談機関につながっていない方を適切につないでいくこと、利用できるよう支援《しえん》すること、そして現場で支えることはとても重要なことです。

ただ、楽しく生きがいをもって生活するには、それだけでは少し物足りない気がしませんか？　誰《だれ》かに必要とされて、話し相手や相談相手がいて、趣味《しゅみ》の集まりに参加して、楽しいと思える時間があってはじめて、生きがいのある生活となります。

私は、誰《だれ》もが生きがいをもって幸せに生活ができるように、これからも一人ひとりに寄り添《そ》っていきたいです。

ドキュメント 2

スクールソーシャルワーカーとして活躍する社会福祉士

児童や生徒に寄り添って支援するチームをつくる

公立中学校《こうりつちゅうがっこう》・スクールソーシャルワーカー
山田詩織《やまだしおり》さん

寄稿者提供（以下同）

山田さんの歩んだ道のり

大学入学当初は「人の役に立つ仕事がしたい」と、児童心理学や貧困問題、環境《かんきょう》問題を学ぶ。東日本大震災《ひがしにほんだいしんさい》でのボランティア活動をきっかけに、専門性を求めて社会福祉士に。現在は中学校のスクールソーシャルワーカーとして、子どもたちに寄り添《そ》っている日々。学校の現場では、たった一人の福祉専門職の立場で、「子どもの幸せ」のために環境《かんきょう》を整えることに尽力《じんりょく》している。

子どもと出会うということ

「ソーシャルワーカーさんと出会って、『自分は自分、それでいいんだ』と思えるようになった」。担当している生徒の作文発表会で、突然《とつぜん》名前を呼ばれてびっくりしたことを、今でも覚えています。

スクールソーシャルワーカー（以下、SSW）は目立つ仕事ではなく、黒子のような存在です。子どもが学校・家庭・地域で、それぞれが自分らしく過ごせるように、さりげなく支えます。でもその出会いは、子どもにとって大きく影響《えいきょう》を与《あた》えているのだと、身の引き締《し》まる思いがしました。

現在は、教育委員会にSSWとして所属しています。担当は中学校なので職員室に席がありますが、学区内の小学校担当も兼《か》ねているので、地域を自転車で走り回っています。

SSWとは？

SSWは2008年以降、徐々《じょじょ》に増えてきている職業なので、知らない方が多いかもしれません。主に学齢期《がくれいき》の子どもやその家族、先生が悩《なや》んでいることをいっしょに解決する仕事です。学校に行けなくて不安な気持ちになったり、孤独《こどく》で居場所がなかったり、家庭や学校でトラブルが起きて安心して過ごせなかったり、お金がなくて困っていたりと、さまざまな悩《なや》みがあります。

そんな時、まずは子どもの話をじっくり聞いてともに考える、言いにくいことを代わりに伝える、状況《じょうきょう》の改善をめざしていっしょに動き回るなどのサポートをして、その子どもの応援《おうえん》チームのようなネットワークづくりをしています。……とはいえ、そんな大げさなことではなく、ほとんどが子どもたちと趣《しゅ》味《み》の話をしたり、遊んだりしているだけかもしれません（笑）。

子どもが主人公に

支援《しえん》の理想として、「子どもの声を大切にしよう！」と言われています。しかし現場では、子どもの意見は未熟だと軽視され、大人が勝手に支援《しえん》を進めてしまうことがあります。

だからこそSSWは、支援《しえん》において子ども自身が主人公になるように、サポートをします。子どもの意見を直接聞《き》いたり、子どもの得意なことが活かされる選択肢《せんたくし》を出して自身に選んでもらうこともあります。時には声にならない声を、遊びながらいっしょに探していくこともあります。

また、「子ども会議」を開くこともあります。保護者や先生など、子どもにとって信頼《しんらい》できる大人たちを集めて、子どもの意見を言う場です。大人は対等なチームの仲間としていっしょにアイデアを出したり、子どものよいところを伝えたり、ともに目標を考えたりします。子どもから「僕《ぼく》の会議を開いて！」と言ってくることも。子どもから大人が学ぶことが多く、「そんなにしっかり考えていたなんて！」と驚《おどろ》くこともあります。困った時は頭でっかちに大人だけで考えず、子ども自身に教えてもらう。その姿勢はブレないようにしたいですね。

子どもの世界を体感する旅

私は子どもの世界を体感することを大事にしています。それはまるで旅のようだなと感

自転車で地域の学校を回っています

じることがあります。

学校に行けなくて悩《なや》んでいた鈴木《すずき》くん（仮名）がいました。まわりの大人は当初、本人を学校に行かせようと過剰《かじょう》に怒《おこ》ったりするなどして、逆に追い詰《つ》めてしまっているようでした。私もＳＳＷとして、彼《かれ》のところに定期的に会いに行くことになりました。

まずは鈴木くんを知ろうと、彼《かれ》の趣味《しゅみ》であるゲームやアニメの話をひたすら聞いていました。たくさん教えてくれましたが、話はすぐに尽《つ》きて鈴木くんは元気がないまま。真面《まじ》目《め》な鈴木くんは、学校に行けない自分を追い詰《つ》めているようでした。

ＳＳＷとして私は、まず鈴木くんが今いる環境《かんきょう》で安心して過ごせるように、まわりの大人に彼《かれ》の傷ついた状態や状況《じょうきょう》を理解してもらい、今の鈴木くんを認めてもらえるように働きかけました。

一方で私自身が、鈴木くんオススメのゲームをする機会がありました。とてもすばらしいゲームでのめり込《こ》み、ちょうど長期休みの期間だったので、私自身が依存《いぞん》状態で家にひきこもりました（笑）。昼夜逆転し、ご飯もお風呂《ふろ》も記憶《きおく》にないくらいに没頭《ぼっとう》。そのゲームに出合わなかったら人生が損だ、と思ってしまったほどです。

その話を鈴木くんにするととても喜んでくれて、時間が足りなくなるくらいゲームで語り合えるようになりました。鈴木くんのゲームの腕前《うでまえ》はハイレベルで、そんな彼《かれ》を私は本気で尊敬し、師匠《ししょう》的な存在となりました。そのあたりから、鈴木くんは不思議と元気になっていきました。

しだいに鈴木くんは、「人の役に立てる人になりたい」という夢《ゆめ》を教えてくれるように。そこからいっしょに、地域の子ども食堂で調理のお手伝いをしたり、地域の施設《しせつ》でボランティア活動を積極的にしたりするように。地域には鈴木くんのすてきなところを認めてくれる人が増え、応援《おうえん》チームのメンバーも多くなりました。鈴木くんはたくさんの得意なことが発見されて、自信がついていったようでした。

その後、継続《けいぞく》して学校に行くのは難しいこともありましたが、参加したい授業には勇気をもって臨むことができるようになりました。「今がいちばんいい感じ」と言っています。

さまざまな人と連携《れんけい》をして

ある日のことです。小学校に行くと先生から「SSWさんに相談したいことがあるんですが……」と声をかけられました。クラスのかおりちゃん（仮名）が「元気がなくて、大事な提出物も出さないんです。忘れ物も多くて困っていますし、お母さんはまったく連絡《れんらく》が取れなくて」とのこと。

調べてみると、かおりちゃんは学校でボーッとしていることが多く、学習の遅《おく》れがありました。また、お母さんは外国籍《せき》のため、日本語が少し不安なこともわかりました。

先生にお願いして、私は学校が終わるとかおりちゃんといっしょに帰り、家庭訪問をすることになりました。道々かおりちゃんは、お母さんの体調が悪くて心配なこと、勉強は嫌《きら》い、ということを教えてくれました。家に到着《とうちゃく》すると、お母さんは出迎《でむか》えてくれましたが、体調はあまりよくないようでした。また、家の中はとても散らかっていました。

学校の先生たちと子どもについての話し合い

お母さんは、体調は悪いが病院は行けていないこと、学校とのやりとりが難しくて疲弊《ひへい》していること、掃除《そうじ》にも不安があることを泣きながら教えてくれました。そこでＳＳＷとして病院への同行と学校との仲介《ちゅうかい》、掃除《そうじ》のサポートなどができることをお伝えしました。

お母さんは私の同行で無事に病院へ行けて、徐々《じょじょ》に一人でも通院できるようになりました。また、学校の重要な手紙や連絡《れんらく》がある時には、私からお母さんに説明して、提出物はその場でサインを書いてもらうようにし、かおりちゃん自身も忘れずに先生に提出する練習をしました。

さらに、家の片付けは私だけでは難しいので、地域の主任児童委員さんなどにも協力を依頼《いらい》。お家を片付けるうちに、お母さんは日本語の文字を読むのが苦手で、学校の教材が整理できなかったことがわかりました。かおりちゃん自身もどこに何があるのかわかっておらず、この環境《かんきょう》では忘れ物をするのは当然。みんなで協力して古い教材などを片付け、すぐに使うものを取り出しやすいように配置したのです。

その状況《じょうきょう》を担任の先生にお伝えすると、「そうだったのか！」と驚《おどろ》かれて、今までかおりちゃんに厳しく指導していたことを後悔《こうかい》されていました。その後先生は、学校で使うものは、学校のロッカーに置いたままにしてもよいことにしてくれました。さらに放課後、かおりちゃんに個別で勉強を教えてくれることにもなりました。

その後も、学校と地域とＳＳＷの私で、かおりちゃんとお母さんを見守り続け、いろいろなサポートにもつなげていきました。お母

子ども食堂で調理をすることも

さん自身も元気になっていき、かおりちゃんも学校で元気なようすが見られるようになりました。

途中《とちゅう》から社会福祉士をめざす

大学時代、学部に社会福祉士の資格が取れるコースはあったのですが、そこに私はいませんでした。大学に入学当初、将来は漠然《ばくぜん》と人の役に立てる仕事がしたいと考えており、児童心理学や貧困問題、環境《かんきょう》問題について学んでいました。一生懸命《いっしょうけんめい》に知識を身につければ誰《だれ》かの役に立てると、資格は関係ないと思っていたのです。また、「福祉」について、高齢《こうれい》者や障害者のための仕事というイメージがあり、児童に関する仕事があることは知りませんでした。

大学1年生の終わりに東日本大震災が起こ

りました。少しでも被災地《ひさいち》の方々の力になりたいと思い、大学生でもできるボランティアに参加しました。若さと体力を活かして泥《どろ》かきをしたり、被災《ひさい》された方のお話をひたすら傾聴《けいちょう》したりするような活動です。

しかし、過酷《かこく》な現場を数多く見ていくうちに、自分の中で無力感が大きくなっていきました。何をするにも指示待ちで、何をすべきなのかを考えることのできる軸《じく》や専門性が今の自分にはないことを痛感しました。そして現場では、社会福祉士が活躍《かつやく》していたのですが、その資格をもつ人が不足していることを知ったのです。

ボランティア活動では、被災《ひさい》された方々に「ほんとうにありがとう」と泣きながら感謝されましたが、すなおに喜べない自分がいました。私に専門性があれば、もっと人の役に立てたかもしれない……と悔《くや》しくて、苦しくて、涙《なみだ》が止まりませんでした。

春休みが終わる直前、大学2年生から社会福祉士コースに入りたいと、勇気を振《ふ》り絞《しぼ》って担当の先生に「コースに入れてください！」とお願いしました。その思いが叶《かな》って、コースに入り込《こ》むことができたのです。コースの資料で児童分野の仕事があることも知って、「これだ！」と、運命を感じました。

SSWだからこその難しさ

SSWの仕事は、正直なところ、かなり難易度が高い仕事です。たとえば、学校で難しい事例のケース会議を開催《かいさい》したり、たった一人の福祉専門職の立場として先生方に意見を言わなくてはならないこともあります。また、子どものためによりよい支援《しえん》を追求したくても、今の学校制度の中では限界があり、ほかの専門職と価値感が対立することもあります。

そんな中でも、支援《しえん》をあきらめず、おたがいを信頼《しんらい》して対話していきます。「子どもの幸せ」という同じ目標に向かって協働しながら、少しずつ環境《かんきょう》を変えていくプロセスは、とても魅力《みりょく》的なんです。

この道をめざす人へ

ここで紹介《しょうかい》したことは、みなさんにとって、難しく感じられたかもしれません。でも、迷ったら、目の前にいる子どもから教えてもらえばいいんです。答えはいつもその子自身の中にあります。その子どもの目から社会をともに見つめてみることで、今まで自分が見てきたものとは異なる景色が見えてくるかもしれません。

子どもの声をそれぞれの立場から共有していくことで、学校や私たち自身にとっての「ふつうの枠《わく》」を少しずつ崩《くず》していく。みんなでちょっとずつ変化していく。その変化によって、一人だけではなく、みんなにとっても居心地のよい人や環境《かんきょう》になっていく。その延長線上は、社会全体の生きづらさまで変えられる可能性とつながっている。

それって、とてもすてきなことですよね。目の前の大変さだけではなく、もっと先のビジョンを考えると、ワクワクしませんか？みなさんもその仲間になってください！

ドキュメント 3 精神科病院で活躍する精神保健福祉士

心の病気の患者さんがよりよい人生を送れるために

久喜《くき》すずのき病院《びょういん》
川《かわ》嶋《しま》拓《たく》海《み》さん

寄稿者提供（以下同）

川嶋さんの歩んだ道のり

高校生の時に精神保健福祉士に興味をもって大学へ進学。資格取得後は、地域活動支援《しえん》センターへの配属を経て、精神科病院へ部署を異動。急性期病院の役割を意識しながらさまざまな専門職と連携《れんけい》し、患者《かんじゃ》さんの心の治療《ちりょう》に従事。現在は、系列の生活支援《しえん》センターに異動をして、これまでの経験、技術を駆使《くし》して新たな業務に取り組んでいる。

ある精神保健福祉士の一日

この本を手に取ったみなさんは、精神保健福祉士にどんなイメージをもっていますか？まずは、精神科病院の精神保健福祉士の一日をご紹介《しょうかい》しましょう。

私たちは毎朝、申し送りを行います。病院で所属している「地域連携《れんけい》室」は問い合わせが多いため、全員が日々の状況《じょうきょう》変化に対応するために共有は欠かせません。

申し送り後、早速、入院治療《ちりょう》を希望する人から相談が入りました。いつから症状《しょうじょう》が悪くなって、具体的にどんな症状《しょうじょう》が出ているのか。飲んでいる薬や治療《ちりょう》希望を聞き取り、医師に報告、入院治療《ちりょう》の可否を速やかに確認します。受け入れが可となったため、家族から聞き取った情報を看護師、受付事務に報告します。

机に戻《もど》ると、精神科受診《じゅしん》について悩《なや》んでいるご家族より相談がありました。本人は認知症《しょう》の疑いがあるものの、「私は病気じゃない！」と受診《じゅしん》を拒否《きょひ》しているそう。対応方法をいっしょに考えます。

午後は患者《かんじゃ》さんとご家族、医師の面談に同席。退院後に精神科デイケアと訪問看護を利用することになったので、利用目的をあらためて医師と確認して、不安なく利用ができるよう制度をご案内します。安心して退院後からリハビリができるように、いっしょにデイケアへ見学に行く約束《やくそく》をして、デイケアの職員とも見学時の対応を打ち合わせました。

夕方は担当病棟《びょうとう》のカンファレンス*へ。参加者は医師、看護師、臨床《りんしょう》心理士、作業療《りょう》法《ほう》士、精神保健福祉士です。ある患者《かんじゃ》さんに

*カンファレンス　現状の共有と今後の支援を検討するためにスタッフが集まり話し合う会議。

ついて、医師からは今後の治療《ちりょう》期間と服薬に関する副作用や本人の病識*について、看護師からは入院生活中の体調変化と、本人が訴《うった》えている夜の不眠《ふみん》について、作業療法《りょうほう》士からは日中の作業療法《りょうほう》時のようす、ほかの患者《かんじゃ》さんとの交流について話がありました。臨《りん》床《しょう》心理士からはその患者《かんじゃ》さんとのかかわり方について意見がありました。その上で私たち精神保健福祉士から、本人が思い描《えが》いている退院後の生活を共有し、退院後の福祉サービス利用と家族、地域の相談者を含《ふく》めた退院時カンファレンスの開催《かいさい》を提案。このように各専門職の視点から、今後の治療《ちりょう》方針を決定していきます。

その後、メールのチェックや電話、患者《かんじゃ》さんのケース記録を作成し、退勤時間です。

病院で働く精神保健福祉士

これは病院で働く精神保健福祉士の一日ですが、その仕事は配属場所によって多少異なります。医療《いりょう》機関に配属される精神保健福祉士は、統合失調症《しょう》やうつ病、認知症《しょう》といった精神疾患《しっかん》を患《わずら》った人や、その家族にかかわる専門職です。そして、医師、看護師、薬剤師《やくざいし》などの職種と連携《れんけい》をしながら、患者《かんじゃ》さんがよりよい暮《く》らしを送ることができるようにサポートをしています。

具体的には、外来の患者《かんじゃ》さんに対して福祉制度や医療《いりょう》サービスなどの情報を提供し、必要に応じて行政や保健師、生活支援《しえん》センターといった地域機関と連携《れんけい》をします。患者《かんじゃ》さんが安心して生活できるように、必要な医療《いりょう》につなげていくのです。また、入院治療《ちりょう》につい

＊**病識**　自分が病気に罹患していることや、症状について理解しているかの認識のこと。

さまざまな医療職とのカンファレンスは欠かせません

ての相談を受けた際には、速やかに治療《ちりょう》が受けられるよう、医師や看護師に必要な情報を報告し、環境《かんきょう》の調整、橋渡《はしわた》しを行います。

心の病気は目には見えませんが、患者《かんじゃ》さんはもちろん、いっしょに生活をしているご家族も悩《なや》み、苦しい状態が続きます。早急な治《ち》療環境《りょうかんきょう》の調整が必要なのです。

入院後は、患者《かんじゃ》さんの希望する生活の実現にかかわっていきます。医師・看護師などの医療《いりょう》職は患者《かんじゃ》さんを治療《ちりょう》し、回復をめざすことに力を注ぎます。病院に所属する職種のなかで精神保健福祉士は、福祉の専門職として患者《かんじゃ》さんの今後の生活、人生、希望のために、寄り添《そ》っていくことが求められます。そのため、常に患者《かんじゃ》さんの立場に立って医師や看護師へ情報発信を続けるのです。医師だけではなく、精神保健福祉士も患者《かんじゃ》さん、ご家族を回復させる力をもっています。

特殊《とくしゅ》な精神科病院の入院

実は、精神科病院と一般《いっぱん》病院は入院の仕方が大きく違《ちが》います。一般的《いっぱんてき》な内科・外科の病院では、医師と本人、家族で話し合いを行って入院を決めます。

しかし精神科病院では精神保健福祉法により、患者《かんじゃ》自身で入院を決めることができない状態でも、本人に代わって「家族」が入院の判断を行うことができます。つまり、患者《かんじゃ》さんが希望しなくても、入院となってしまうのです。人権を侵害《しんがい》しかねないので非常に配慮《はいりょ》が求められます。

でも、体調が悪くつらいのは本人です。法律を適切に運用し、本人の権利を守り、速やかに治療《ちりょう》につなげるために、精神保健福祉士は常に考えながら業務を行っています。

ひと昔前《むかし》の精神科病院は、暗くて怖《こわ》いイメージがあり、ちょっと入りづらい場所でした。最近は、開放的で高級ホテルのような病院もあります。駅前の便利な場所におしゃれなクリニックがあったりと、相談しやすく入りやすい環境《かんきょう》です。

精神的な疾患《しっかん》は点滴《てんてき》や手術をすれば完治するというものではないので、ほかの疾患《しっかん》に比べると入院期間は長いほうでしょう。それでも数週間～数カ月ほどで退院される患者《かんじゃ》さんが多い印象です。心の病気は、適切な治療《ちりょう》を行うことで今までのように家族や友人といっしょに過ごせます。職場に復帰したり、リハビリによりふつうの人と変わらない生活ができるようになっています。

「家族」の偉《い》大《だい》さ、そして大切さ

田中《たなか》さん（仮名）は、「家族に悪口を言われる」と精神的な症状《しょうじょう》があり、近隣《きんりん》住民とトラブルに。ご家族は疲弊《ひへい》し、本人を抑《おさ》えられずに警察が介入《かいにゅう》して、入院となりました。

私がご家族へ相談窓口や介護《かいご》保険などの制度を案内すると、「家族でかかえ込《こ》んでいたけれど、無理をしなくていいんだ」とホッとされました。ケアマネジャーには退院後の生活や介護《かいご》保険の利用などを相談していました。

退院が見えた頃、ケアマネジャーや私も含《ふく》めて、ご家族と田中さんが顔合わせをしました。入院中は交流がなかった家族との対面で、田中さんは緊張《きんちょう》していましたが、入院前の気持ちから、入院治療《ちりょう》を経た今の思いを正直に家族へ伝えました。おたがいがともに生活をしたいと希望し、退院となりました。

退院後は、大好きなお風呂《ふろ》と囲碁《いご》が楽しめるデイサービスに行き始めたそうです。近々仲間たちと温泉旅行に行くとか。最近ではお孫さんと会うのが楽しみで、顔を見るためにスマートフォンの使い方を覚えたそうです。

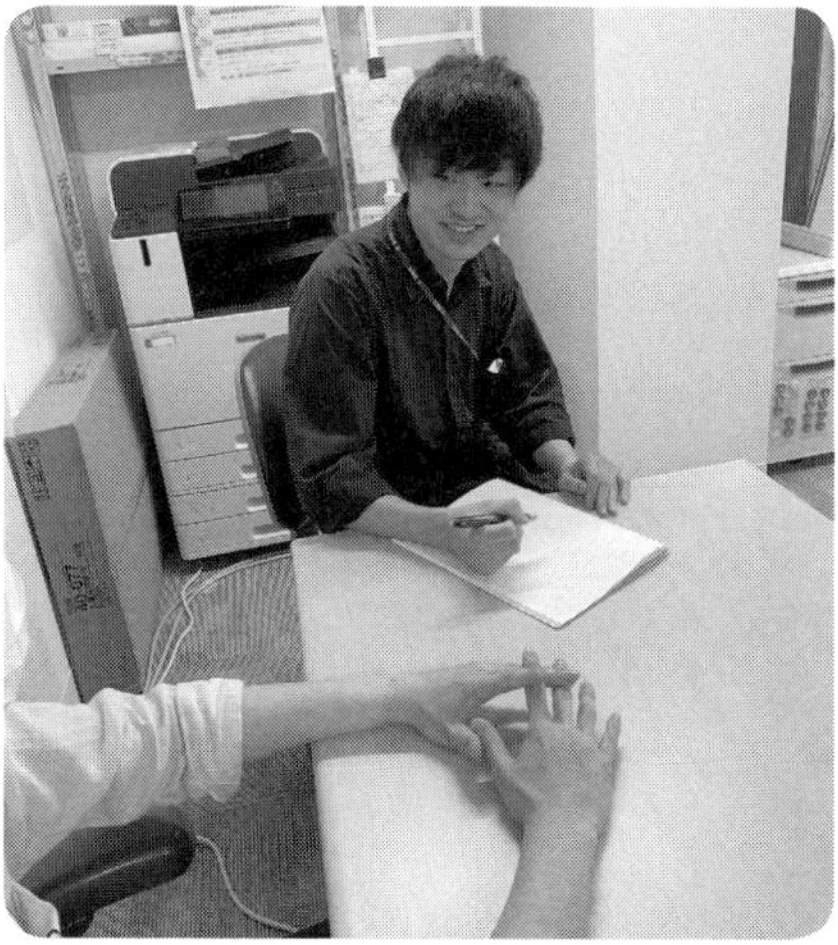

ご家族からの相談に対応

1匹《びき》のわんちゃんから人生が変わる

吉田《よしだ》さん（仮名）は私の入職時には既《すで》に入院をされていました。退院の話が何度か出ていましたが、体調に波がありうまくいきませんでした。退院して一人で生活をするのが怖《こわ》い、と話されていました。

ある日、二人で外を歩いていると、小さな犬とすれ違《ちが》いました。犬が吉田さんに飛びついたのですが、彼女《かのじょ》は膝《ひざ》をついて撫《な》でていました。人とあまりおしゃべりする方ではないのですが、みずから飼《か》い主さんに話しかけてさわらせてもらったのです。昔《むかし》は犬や猫《ねこ》を飼《か》っていて、トリマーをめざしていたとのこと。

私は市役所に相談して犬といっしょに生活するホームを探し、吉田さんを連れて見学に行きました。目を輝かせて楽しまれて、病院に戻《もど》っても「早くあそこで暮《く》らしたい！」と。間もなく無事に退院をして、今では犬といっしょの生活を楽しみながら、毎日のお散歩は欠かさないそうです。少しずつお金を貯めて、トリマーの資格を取る準備を進めているとも話してくれました。

明日も明後日も笑顔《えがお》で生活ができる

村田《むらた》さん（仮名）は、精神疾患《しっかん》のため住んでいたアパートを追い出されて路上生活をしていました。日々の不安から薬が飲めずに症状《しょうじょう》が悪化し、行政職員とともに来院。その場で入院となりました。

私がお会いした時、村田さんは頼《たよ》れる親族がおらず、洋服もボロボロでお金も底を尽《つ》いていました。医師から入院して治療《ちりょう》をしながらゆっくりと住環境《じゅうかんきょう》を整えるよう話があり、私は看護師と協力して村田さんの衣類をそろえることから始めました。

状態が落ち着いて、家を探すため家族についてうかがうと、「幼い頃に喧嘩《けんか》をして、疎《そ》遠《えん》になっている姉がいる。でも、年賀状は毎年届いて心配してくれている。会えるかな」。医師、看護師とでお姉さんに連絡《れんらく》を取ったところすぐに駆《か》けつけてくれました。アパート探しは、お姉さんや地域の支援《しえん》センターと協力しながら進めていきました。私も村田さんとともに外出をして、必要な日用品を買いそろえました。

退院後、村田さんは薬の管理を訪問看護師に相談しながら取り組んでいます。もともと外食が多く、すぐにお金がなくなっていたので、ヘルパーといっしょにご飯をつくる時間を設けました。これまで疎遠《そえん》だったお姉さん

久喜すずのき病院の外観

とは月に1回ほど食事をしているそうです。村田さんは、止まっていた家族との時間を少しずつ取り戻《もど》しています。

「明日は目が覚めないかもしれない、と思いながら毎日を過ごしていた。今は自分を気にしてくれる人がいて、安心して夜も眠《ねむ》れる。もう少し元気になったら、働くこともできるかな？」と笑顔《えがお》で医師に相談をされています。

精神保健福祉士のあり方

エピソードを紹介《しょうかい》しましたが、結局のところ、私はあまり何かをしたわけではありません。精神保健福祉士は自分が中心となって何かをやり遂《と》げるというよりも、患者《かんじゃ》さんに備わっている力や家族の力、個性を引き出すようなかかわりを意識しています。法律や制度などにはくわしいですが、それを武器にするのではなく、相手の感情に寄り添《そ》い続けることが精神保健福祉士だと思います。

一方で、本人の思い描《えが》く理想と現実が異なり、希望しない生活を選ばざるを得ない時もあります。そんな時には、患者《かんじゃ》さんの権利を守り、いきいきと生活するための方法をともに考えていきます。

患者《かんじゃ》さんの人生で精神保健福祉士がかかわるのは一瞬《いっしゅん》です。その一瞬《いっしゅん》は、病気でいちばんつらい時にもっともそばで寄り添《そ》うことのできる存在になります。

精神保健福祉士の魅力《みりょく》

この仕事は患者《かんじゃ》さんが幸せになる方法を考えていきます。自信をもってできるようになり、その人が輝く方法をいっしょに考えていきます。とても魅力的《みりょくてき》だと思いませんか？

また、自分の個性を活かすこともできます。育ってきた環境《かんきょう》や話し方、性格は大きな武器です。コミュニケーションが苦手な人でも、福祉の現場に入ってすぐの人でも、ほかの業界で経験を重ねてから福祉の世界に入った人でも、福祉職のベテランとは違《ちが》うその人だけの支援《しえん》やかかわりができます。

精神保健福祉士は感謝をされる機会が多い仕事です。以前に担当した認知症《しょう》の女性は、一日経つと私の名前を忘れてしまうので、毎日、自己紹介《しょうかい》をしました。しだいに、私に怒《いか》りの感情をぶつけるように。わからない場所で、知らない人ばかりで不安だったのでしょう。退院をする日も自己紹介《しょうかい》をしたのですが、その日は「川嶋さん、いつも会いに来てくれてありがとう」とおっしゃいました。この感動は今も仕事の原動力になっています。

患者《かんじゃ》さんから楽しく前向きなお話を聞くと、私も自然と笑顔《えがお》になります。大変だった時間を乗り越《こ》えて、やりたいことをがんばっている姿にうれしくなります。医師や看護師にも報告して、みんなで胸が温まります。

精神保健福祉士をめざすのなら、引き出しをたくさんつくるといいでしょう。この仕事には多くの出会いがあります。これまでの人生で培《つちか》ってきたことや学んできたこと、好きなことや特技が活かせる場面が必ずあります。それらを活かせる場面が必ずある！と思うと、見る景色が少し変わる気がしませんか？

そして、相手の趣味《しゅみ》や個性に興味がもてる人になってください。人と話すのが苦手、内向的な性格でもだいじょうぶ。いろいろな人がいることに関心をもってください。

みなさんと働くことを楽しみにしています。

ドキュメント 4 相談支援事業所で活躍する精神保健福祉士

本人を知ることから始まる

糀谷作業所《こうじやさぎょうじょ》
鈴《すず》木《き》啓《けい》太《た》さん

寄稿者提供（以下同）

鈴木さんの歩んだ道のり

精神疾患《しっかん》をかかえている家族の存在がきっかけとなり、精神保健福祉士をめざす。大学を卒業後は、精神科病院で精神保健福祉士の役割や姿勢を身につけることに。その後、地域での相談支援《しえん》にたずさわりたいと、相談支援《しえん》事業所へ転職。利用者さんの「過去」と「現在」を知り、「未来」をいっしょに考えることができるのが、この仕事の魅力《みりょく》だそうだ。

志したきっかけ

私は障害者の相談支援《しえん》事業所*で、精神保健福祉士として働いています。精神疾患《しっかん》をかかえている家族がいたからです。そのため、本人のつらさや苦しみを身近で感じてきました。家族は病気についてよくわからないため、刺激《しげき》を与《あた》えないように、本人とはなるべくかかわらないように暮《く》らしていました。私自身、当時は精神疾患《しっかん》に対する知識がなく、偏見《へんけん》などもあり、誰《だれ》にも相談できず、すごくつらかったことを覚えています。

このような経験を経て、精神疾患《しっかん》が原因で苦しんだり、悩《なや》んでいる本人や家族に対して力になりたい、と思うようになりました。

私自身のエピソードを書いたのには理由があります。それは、同じような苦しみを感じていて、自分に何かできることはないかと悩《なや》んでいる人がいると思ったからです。この本を手に取ることで精神保健福祉士への興味をもつきっかけになったらと願っています。

また、別のきっかけで精神保健福祉士に興味がある人には、ひとつのエピソードとして読んでいただけたらうれしいです。

精神科病院での経験を通して

大学を卒業し、神奈川県《かながわけん》横浜市《よこはまし》にある医療《いりょう》法人誠心会神奈川《せいしんかいかながわ》病院（精神科）に就職しました。配属されたのは医療《いりょう》相談室です。入院中の本人やその家族に対して、退院後の生活の不安についての相談や、はじめての通院や入院をする時に、本人の病状を把握《はあく》しながら相談に乗っていました。統合失調症《しょう》やアルコ

＊**相談支援事業所（指定特定）** 障害福祉に関するさまざまな情報提供や、そのサービスを利用するための計画の作成などを行う。

ール依存症《いぞんしょう》など、さまざまな症状《しょうじょう》に苦しんでいる方に出会いました。

尊敬できる上司や先輩《せんぱい》から対応方法などを学びながら、本人のかかえる疾患《しっかん》や悩《なや》みなどをくわしく聞き、状態を把握《はあく》することの大切さを学びました。精神保健福祉士としての役割や姿勢などを教えてもらいました。

精神科病院での経験をもとに、地域での相談支援《しえん》にたずさわりたいと思い、現在の相談支援《しえん》事業所へ転職しました。ここでは、障害福祉サービスのひとつである計画相談支援《しえん》を行っており、相談支援《しえん》専門員という役割を担っています。

計画相談支援《しえん》という仕事

計画相談支援《しえん》では、生活相談をしながら主に精神疾患《しっかん》の方などが利用する障害福祉サービスの調整を行います。そのために、自宅や通所先などを訪問し、本人や家族との面談を通して、望んでいることや悩《なや》んでいることなどをうかがいます。

また、それだけではなく、現在に至るまでの経緯《けいい》や、いつから精神疾患《しっかん》の治療《ちりょう》が始まったかなどを聞いて、本人の「過去」と「現在」について知っていきます。そして、望んでいることができる状況《じょうきょう》や状態なのか、悩《なや》んでいることを解決していくためにはどのような方法があるのかを考えていきます。その人と家族、私たち支援《しえん》者がおたがいに納得できるまで話し合いながら、障害福祉サービスの調整などを行っています。

相談支援《しえん》専門員は本人や家族の相談に対して助言を行いながら、その人の生活や人生にかかわることになります。そこで大切にしなければならないのは、まず本人を知るところから支援《しえん》が始まるということと、支援《しえん》が終わるまで知り続けるということです。

自宅へ訪問してようすをうかがいます

生活にかかわり、本人を知り続けることとは

私が担当していた堺《さかい》さん（仮名）は、実家で両親と生活しながら、地域活動支援《しえん》センター*を利用していました。堺さんは仕事が長続きしないと悩《なや》み、就労からは遠ざかっていましたが、再び仕事をしたいと望むようになりました。

そこで、私は堺さんの希望を叶《かな》えるために本人と母親、通所しているセンターの職員から、自宅やセンターでの堺さんのようすをふり返り、現在に至るまでの経過と現在のようすを聞きました。すると、センターの利用は不定期であり、生活リズムが乱れていることがわかったのです。

センターを利用しながら、まずは生活リズムの安定を図ることを提案しましたが、堺さ

＊地域活動支援センター　障害によって働くことが困難な障害者の日中の活動をサポートする福祉施設のこと。

んは「一生懸命《いっしょうけんめい》がんばるので、就労移行支《し》援《えん》を利用して早く仕事に就きたい」と意思を変えることはありませんでした。私は堺さんの〝がんばりたい〟という気持ちを受け止めるとともに、「就労移行支援《しえん》サービス*を見学し、体験利用をしてから再度考えていきましょう」と提案しました。

就労移行支援《しえん》事業所を見学し、2週間ほど体験利用をしましたが、遅刻《ちこく》や欠席をくり返し、プログラムにも集中して取り組むことができませんでした。ただ、体験利用をしたことで堺さんは自分の気持ちを見つめなおし、「まずは早く起きて、生活リズムを安定させるために毎日センターに通えるようにしたい。それから就労に向けてがんばります」と話してくれました。就労に向けて現実的に考えられるようになりました。

計画相談支援《しえん》では、話を聞きながら本人の状態や状況《じょうきょう》を細かく知った上で、さまざまな角度から状態や状況《じょうきょう》を評価し、その人について把握《はあく》していきます。その上で、その人や家族と話し合い、今後の生活などについて考えていきます。

最初は堺さんの状態に合わせた提案をしても受け入れてもらえませんでした。しかし、気持ちを汲《く》み取りながら、ていねいに話し合い、体験利用という妥協点《だきょう》を見出しました。そして、体験利用の状況《じょうきょう》をふり返り、実際に利用したことで生じた気持ちの変化を聞きながら、堺さんと整理していきました。そうすることで、どうしたら就労に結びつくのかを、堺さんが現実的に考えられるようになりました。

このように、計画相談支援《しえん》という仕事は、

***就労移行支援サービス** 一般企業への就職をめざす障害者を対象に、就職に必要な知識やスキル向上のためのサポートを行う。

本人の人生や生活に深くかかわるため、話を聞いて深く知っていくことが大切です。話をろくに聞かずに望んでいるサービスを紹介《しょうかい》しても、ほんとうにその人や家族が願っていることは叶《かな》うのでしょうか。

本人の置かれている状況《じょうきょう》や問題を全体的に把握《はあく》せずに解決策を提案しても、場当たり的な解決になることが多く、同じ失敗をくり返してしまうことが多くあります。それは福祉の専門家が行うべきことではありません。その人を深く知ることは、福祉にかかわる人の使命だと私は考えています。

精神疾患《しっかん》をかかえる人を支援《しえん》する

精神科医療《いりょう》はどんどん進歩していますが、未だに「完全に治る状態（完治）」にならない方がたくさんいます。多くの方は通院や服薬などを続けることで一時的、継続的《けいぞくてき》に症《しょう》状《じょう》がおさまっている「寛解《かんかい》」といわれる状態です。

過去につらい経験をして発病した方や、自

施設の見学は念入りにします

分にだけ聞こえる声に苦しみながら生活している方など、さまざまな生きづらさをかかえ、治療《ちりょう》を続けながら生活している方がいます。

香川《かがわ》さん（仮名）は、被害妄想《ひがいもうそう》に加え、自分にだけ聞こえる声に悩《なや》みながら生活をしていました。出会って間もない時に、「なんで理解してくれないんだ！」と彼《かれ》から怒《おこ》られたことがあります。それからも会うたびに怒《いか》りの感情を訴《うった》え続けていたため、私は静かに聞くことに徹《てっ》していました。

話を聞く中で、怒《いか》りの理由とその時の感情を必ず聞き返し、話の内容を確認していきました。それを何度も積み重ねることで、香川さんが過去にどのような経験をしてきたのか、現在もなぜ苦しみながら生活をしているのか、というつらさを知ることができました。

1年ほど経った頃、香川さんから「いつも話を聞いてくれてありがとう。ただ八つ当たりしていただけかもしれない」という言葉をもらいました。私は感謝を伝えるとともに、「過去のつらかった経験を思い出し、今も苦しんでいることが伝わってきました。だからこそ、これからの生活や、やりたいことをいっしょに考えていきたいのです」と伝えました。彼《かれ》が下を向きながら、恥《は》ずかしそうにこれからやりたいことを話した姿は忘れることができません。

福祉にかかわる仕事では、本人の悩《なや》みや希望を聞くだけでなく、その人の気持ちや感情を積極的に知り、受け止めることが何よりも大切だと思っています。そして、聞いた話に対して、自分の感情を伝え、おたがいの気持ちや感情を知っていきます。

相談支援《しえん》専門員は家族や友人にはなれませ

んが、安心して話せる関係であり続けることがもっとも大切だと考えています。人によっ

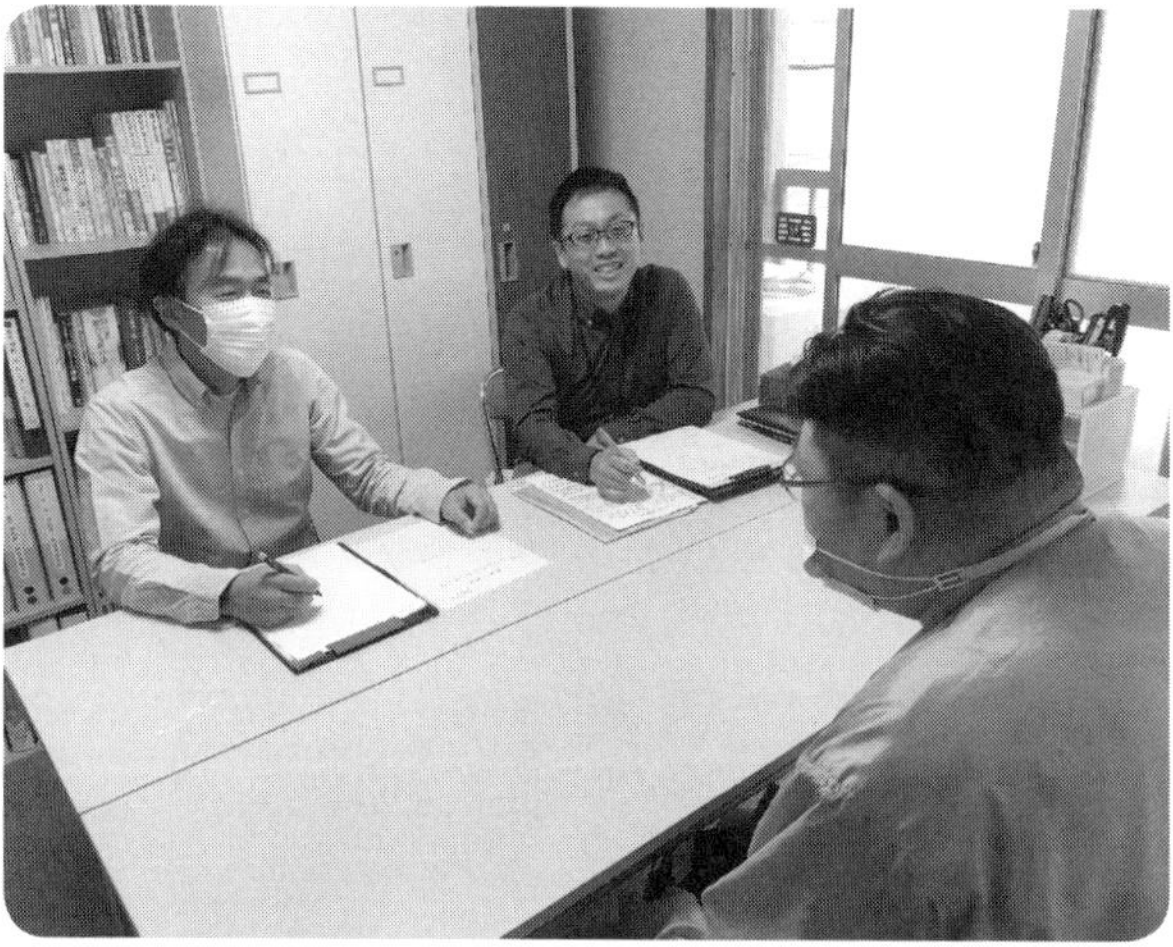

ケア会議のようす

ては、長期にわたってかかわる方も少なくありません。毎日会えるわけではありませんが、ともに考え歩んでいく中で、新たな悩《なや》みを聞きながら、いっしょに考えます。

一生懸命《いっしょうけんめい》取り組んできたことができるようになった時にはいっしょに喜ぶなど、本人の大切なできごとにかかわることができます。その人の「過去」と「現在」を知り、「未来」をいっしょに探ることができるのが、相談支《し》援《えん》専門員の仕事の魅力《みりょく》です。

さまざまな人との出会いを大切に

ここまで、本人を深く知ることが大切だと話してきましたが、その人や家族のことを知るだけでは、力になることはできません。必要な障害福祉サービスや制度を紹介《しょうかい》し、つなげることが大切です。

障害福祉サービスの紹介《しょうかい》は簡単なことに聞こえるかもしれませんが、相談支援《しえん》専門員はインターネットや書籍《しょせき》などの情報だけで、紹介《しょうかい》を行うことはほとんどありません。なぜならば、サービスや支援《しえん》を提供するのも「人」だからです。

あらかじめ紹介《しょうかい》するサービスを提供する事業所の雰囲気《ふんいき》や職員の方の人柄《ひとがら》を知っておき、なるべく相性や雰囲気《ふんいき》が合いそうなところを紹介《しょうかい》したり、本人の状態に合わせて相性より必要性などを優先して紹介《しょうかい》したりすることもあります。

そこで、さまざまな障害福祉サービスを知っておくためや、サービスを提供する人たちとつながりをもつために、会議や研修などへ定期的に参加しています。

私は「相談支援連絡会《そうだんしえんれんらくかい》おおた」という、東京都大田《おおた》区内の相談支援《しえん》事業所が集まって障害福祉サービスや制度の情報交換《こうかん》、各事業所内で悩《なや》んでいることなどを共有する場を大切にしています。この中で支援《しえん》の技術や知識などを共有して、おたがいに助け合っています。

ここで仕事の悩《なや》みや苦しみを相談できる相談員たちに出会って何度も救われ、私自身が成長することができました。福祉にたずさわる支援《しえん》者も「人」である以上、支えられることが絶対的に必要です。人との出会いや縁《えん》を大切にすることで、自分の「人」としての成長をうながし支えてくれる人たちに出会えることもあります。

知っているからこそできること

私は本人の「未来」をいっしょに考えるために、「過去」と「現在」を知り、相談支援《しえん》

訪問先への移動は自転車です

専門員として、いっしょに人生や生活を歩んでいます。常にその人を深く知り、何ができるのかを考えながら仕事をしていますが、ふとした時に役に立てているか不安になり、責任で押《お》しつぶされそうになることもあります。

ですが、私たちが役に立てたかどうかは本人が決めることです。一生懸命《いっしょうけんめい》取り組んでいる姿や、楽しそうに話している姿を見て、その人らしく前に進んでいることがわかればよいのかもしれません。なぜなら、私たちはその人が何に悩《なや》み、どのようにそれを乗り越《こ》え、がんばってきたのかを〝知っている〟からです。

私たちは、本人の人生や生活にとってはひとつの歯車（サービス）にすぎません。しかし、ほかの歯車との潤滑油《じゅんかつゆ》になり、円滑《えんかつ》に回る歯車になれるのであれば、少しでも役に立てるのではないかと確信しています。

2章

社会福祉士の世界・なるにはコース

社会福祉とは

国民が安心して暮らすための権利

福祉《ふくし》とは何か

みなさんは「福祉」という言葉から何をイメージしますか。特別養護老人ホームでの高齢《こうれい》者への介護《かいご》や、あるいは障害のある人たちへの支援《しえん》や、虐待《ぎゃくたい》を受けた子どもたちに対する活動など、さまざまな場面が思い浮《う》かんでくると思います。

多くの人たちは福祉と言われた時に、生活に困っている人たちになんらかの援助《えんじょ》をしてあげることと考えていると思います。福祉という言葉の意味を漢字の語源から調べてみると、「福」は「神」と「お酒を容《い》れる壺《つぼ》」を表す言葉で構成されることから「神の恩恵《おんけい》により満ち足りている」状況《じょうきょう》を表し、「祉」は「神」による恩恵《おんけい》が「とどまる」状況《じょうきょう》を表しており、どちらも幸福を意味する言葉です。したがって「福祉」とは、「しあわせ」と言い換《か》えることができます。

そして一人ひとりの「しあわせ」を社会として護《まも》り、育むことが「社会福祉」です。この社会としての営みには、法律や制度によって行うものと、同じ時代に生きる人びとが自発的に行うものがあります。

制度としての社会福祉

「社会福祉」という言葉が日本《にほん》の法律で使われるようになったのは、戦後の1946年に公布された日本国憲法《にほんこくけんぽう》です。第25条第1項《こう》では「すべて国民は、健康で文化的な最低限度の生活を営む権利を有する」と述べ、さらに第2項《こう》では「国は、すべての生活部面について、社会福祉、社会保障及《およ》び公衆衛生の向上及《およ》び増進に努めなければならない」としています。また、第13条では「すべて国民は、個人として尊重される。生命、自由及《およ》び幸福追求に対する国民の権利については、公共の福祉に反しない限り、立法その他の国政の上で、最大の尊重を必要とする」とも明記されています。このように「社会福祉」は、国民が幸せに生活していく上での権利を守るために、国として責任をもって取り組むことでもあります。

そのため、日本では社会福祉に関するさまざまな法律が制定されています。社会福祉に関する基本的な事項《じこう》が書かれた「社会福祉法」、高齢者《こうれい》の福祉に関する「老人福祉法」や「介護《かいご》保険法」、障害者の福祉に関する「障害者基本法」、子どもたちの福祉に関する「児童福祉法」、ひとり親家庭などに関する「母子及《およ》び父子並《なら》びに寡婦《かふ》福祉法」、国民の健康で文化的な生活を保障するための「生活保護法」、そしてこれら以外にも福祉に関する多くの法律が定められています。

制度としての「社会福祉」を確立することによって、今日では福祉サービスは誰《だれ》もが利用できる国民の権利となりました。生活に困っている状況《じょうきょう》は決して怠《なま》けたりした結果ではなく、病気やケガ、失業などにより、私たちの誰《だれ》もが直面する可能性のある問題です。そのため、福祉サービスを利用することは決して恥《は》ずべきことではなく、国民一人ひとりが生活を再建していくために権利として活用していくものなのです。

施設《しせつ》サービスと訪問サービス

こうした社会福祉として国民の生活を支えていくために、これまでさまざまな社会福祉サービスが整えられてきました。サービスを提供する組織として社会福祉施設《しせつ》が整備されるとともに、利用者の自宅を訪問してサービスを提供する体制も生み出されてきました。

社会福祉施設《しせつ》は法律によって規定された施設《しせつ》であり、利用条件に該当《がいとう》する人びとが入所

図表1 社会福祉施設数

保護施設	286
老人福祉施設	5,251
障害者支援施設等	5,619
身体障害者社会参加支援施設	317
婦人保護施設	46
児童福祉施設等	43,203
母子・父子福祉施設	56
その他の社会福祉施設等	22,262
総 数	77,040

資料：平成30年社会福祉施設等調査

あるいは通所によってサービスを利用しています。現在日本には約7万7000の社会福祉施設《しせつ》があります（図表1）。施設《しせつ》サービスの考え方は、同じ状態にある方々に対して専門的サービスを提供するために、施設《しせつ》という場所を利用してもらうことです。

また、訪問サービスは支援《しえん》を必要とする方の自宅などを専門職が訪問して、相談を受けたりサービスを提供することです。今日では、できる限り住み慣れた地域でなじみの関係に囲まれながら生活するという、地域福祉の考え方が重要になっています。

国民による福祉活動を支える社会福祉

このように国が制度として責任をもって社会福祉を行う一方で、私たち一人ひとりがおたがいに支え合っていくことも大切なことです。私たちは年齢《ねんれい》や生活状況《じょうきょう》に応じて税金や年金、介護《かいご》保険料などを納めていきますが、それだけではすべての人たちの生活を支えていくことはできません。福祉制度による支援《しえん》（公助）と人びとの自発的な意志に基づく助け合い（互助《ごじょ》）が相まって、そして本人自身や家族などの力（自助）が高まることによって、一人ひとりが幸せに暮《く》らせる社会を築いていけるのです。

私たち人間は本来、集団で助け合いながら生活してきました。一人ひとりができることをしながら生活を営み、その役割分担やルールをつくる過程で制度を生み出してきた歴史があります。どのような制度をつくったとしても、国民一人ひとりがよりよい社会に向けて自発的に行動していくことが前提としてなければ、暮《く》らしやすい社会は実現できません。

そのため社会福祉では、国民の自発的な福祉活動が行いやすい環境《かんきょう》を整えていくことも大切になります。たとえば、みなさんの地域には社会福祉協議会という組織があり、ボランティアセンターを運営していますが、この社会福祉協議会は「社会福祉法」に規定された公的な組織です。またＮＰＯ（Non Profit Organization：非営利組織）のような活動を支える「特定非営利活動促進《そくしん》法」も制定されており、国民の自発的な活動を支援《しえん》しています。

さらに、こうした自発的な福祉活動の担い手を育んでいくため、学校や公民館などと福祉専門職の人たちが連携《れんけい》して福祉教育が行われています。福祉による支援《しえん》が必要な人びとに対する誤解や偏見《へんけん》や差別をなくし、ともに暮《く》らしていく上で必要なことを学ぶための支《し》援《えん》も、社会福祉において大切なことです。

ソーシャルワーカーとしての社会福祉士と精神保健福祉士

そしてこれらの社会福祉を具現化していく役割を担う者に与《あた》えられる国家資格が、社会福祉士や精神保健福祉士です。国民が幸せに暮《く》らしていくために必要な支援《しえん》を行っていく専門職であり、人間愛に基づく倫理《りんり》観や価値観、人や社会のシステムに関するさまざまな知識、支援《しえん》に必要な技術を兼《か》ね備えた人物であることが求められています。

社会福祉士や精神保健福祉士は日本の法律で定められた国家資格ですが、国際的にはソーシャルワーカーと呼ぶことができます。社会福祉に関する制度は国によって違《ちが》いがありますが、ソーシャルワーカーが基盤《きばん》とする価値などには万国共通のものがあります。このソーシャルワーカーが行う実践《じっせん》をソーシャルワークといい、国際的につぎのように定義されています。

「ソーシャルワークは、社会変革と社会開発、社会的結束《けっそく》、および人々のエンパワメントと解放を促進《そくしん》する、実践《じっせん》に基づいた専門職であり学問である。社会正義、人権、集団的責任、および多様性尊重の諸原理は、ソーシャルワークの中核《ちゅうかく》をなす。ソーシャルワークの理論、社会科学、人文学、および地域・民族固有の知を基盤《きばん》として、ソーシャルワークは、生活課題に取り組みウェルビーイングを高めるよう、人々やさまざまな構造に働きかける。この定義は、各国および世界の各地域で展開してもよい」

これは2014年7月に国際《こくさい》ソーシャルワーカー連盟《れんめい》（IFSW：International Federation of Social Workers）及《およ》び国際《こくさい》ソーシャルワーク学校《がっこう》連盟《れんめい》（IASSW：International Association of Schools of Social Work）の総会で採択《さいたく》されたものです。

日本でもこの定義に基づき社会福祉士や精神保健福祉士は、ソーシャルワーカーとして国際的なつながりの中で、日本やアジアそして世界で暮《く》らす人びととの生活にかかわってい

くことが求められています。

この国際ソーシャルワーカー連盟の本部はスイスに置かれ、2020年3月現在、129カ国の組織が加盟《かめい》しています。加盟資格は1カ国で1組織であるため、日本《にほん》では「日本《にほん》ソーシャルワーカー連盟《れんめい》」を調整団体として、日本社会福祉士会《にほんしゃかいふくししかい》、日本《にほん》ソーシャルワーカー協会《きょうかい》、日本医療社会福祉協会《にほんいりょうしゃかいふくしきょうかい》、日本精神保健福祉士協会《にほんせいしんほけんふくししきょうかい》の4団体が加盟《かめい》しています。

また、日本ではソーシャルワークに対する社会的関心を高めていくために、2009年から毎年7月の海の日をソーシャルワーカーデーと定め、ソーシャルワーカーデー宣言が採択《さいたく》されました。

あなたも国家資格をもったソーシャルワーカーとなって、世界の仲間とともに誰《だれ》もが幸せに生活できる社会を築いていきませんか。

社会福祉士の誕生から現在まで

新たな時代を担う社会福祉士
地域共生社会の実現に向けて

大きく変化する時代と国民の要求

日本ではどのようにして社会福祉士という国家資格が誕生《たんじょう》してきたのか、時代的背景を踏《ふ》まえながら今日に至る経緯《けいい》を見ていきましょう。

戦後、わが国の社会福祉は、生活に困っている人たちへの経済面での援助《えんじょ》を中心に展開され、その福祉専門職として社会福祉主事が位置づけられてきました。この社会福祉主事の資格は、大学において厚生《こうせい》大臣（当時）の指定する科目を学んで卒業した者に与《あた》えられる任用資格でした。つまり国家試験を受けることなく指定科目を履修《りしゅう》すれば、得られる資格なのです。とはいっても1951年当時、大学などの高等教育機関の進学率が約6パーセントであった状況《じょうきょう》下では、社会福祉主事の社会的地位は高いものでした。

ところが、日本の社会は急速に高齢化《こうれいか》が進み、高齢者《こうれいしゃ》福祉の問題などが深刻化してくると、国民の生活課題は多様化し、経済的な援助《えんじょ》だけでは解決できなくなってきました。社会福祉に関する専門的な知識と技術に基づいた相談援助《えんじょ》を通して、本人や家族の問題解決力を高め、関係機関との連絡《れんらく》調整を行い、必要な制度や社会資源を生み出していく福祉専門職が求められるようになっていきました。

「社会福祉士及《およ》び介護《かいご》福祉士法」の制定

時代の要請《ようせい》として社会福祉を担う専門職が求められる中、多くの議論を経て1987年5月26日に「社会福祉士及《およ》び介護《かいご》福祉士法」が公布されました。わが国最初の国家資格としての社会福祉専門職制度の誕生《たんじょう》です。

それまで社会福祉分野には、保育士を除いては社会福祉主事以外に資格制度がありませんでした。そのため、社会福祉主事が社会福祉従事者の基礎《きそ》資格的な要素をもっており、実践《じっせん》現場でも社会福祉主事の資格をもつように研修を勧《すす》めていました。

こうした状況《じょうきょう》の中で、新たな国家資格として社会福祉士、介護《かいご》福祉士が誕生《たんじょう》したのです。この制度は、社会福祉主事制度を否定してつくられたものではありません。今も社会福祉主事制度は存続していますが、実質的に社会福祉士は社会福祉主事に代わっていく専門職として期待されています。

新たな時代の社会福祉士養成へ

社会福祉士という国家資格が誕生《たんじょう》してから約30年が経過し、２０２０年には約25万人が社会福祉士の資格を取得しています（図表2）。

社会福祉の現場で活躍《かつやく》する社会福祉士が増えていく一方で、社会福祉を取り巻く環境《かんきょう》は大きく変化してきました。少子高齢《こうれい》社会に対応していくため、国の政策として介護《かいご》保険法や障害者総合支援《しえん》法など、新たな制度がつぎつぎに誕生《たんじょう》してきました。そして、社会福祉士も時代の変化とともに発生してくるさまざまな生活課題に対応していくことが、社会からの要請《ようせい》となってきました。

図表2 社会福祉士有資格者の推移

年度	有資格者数
2012年度	160,612人
2013年度	172,057人
2014年度	185,749人
2015年度	195,336人
2016年度	208,261人
2017年度	221,251人
2018年度	233,517人
2019年度	245,181人
2020年度	250,307人

資料：公益財団法人社会福祉振興・試験センター

２０１８年に社会保障審議会《しゃかいほしょうしんぎかい》福祉部会の福祉人材確保専門委員会では、「ソーシャルワーク専門職である社会福祉士に求められる役割等について」と題した報告書をまとめ、これからの社会福祉士に求められる役割としてつぎのように提言しています。

「人々が様々な生活課題を抱《かか》えながらも住み慣れた地域で自分らしく暮《く》らしていけるよう、地域の住民や多様な主体が支え合い、住民一人ひとりの暮《く》らしと生きがい、そして、地域を共に創っていく『地域共生社会』の実現に向けて、①複合化・複雑化した課題を受け止める多機関の協働による包括的《ほうかつてき》な相談支援《しえん》体制や②地域住民等が主体的に地域課題を把握《はあく》して解決を試みる体制の構築を進めていくことが求められており、それらの体制の構築を推進していくに当たっては、社会福祉士がソーシャルワークの機能を発揮することが期待されている」

このように「地域共生社会の実現」をめざす上で、ソーシャルワーカーはこれまでの社会福祉制度がかかえてきた縦割りや制度の狭間《はざま》の問題にも立ち向かっていくことが求められています。

そしてこうした実践《じっせん》を担える社会福祉士を養成するため、養成課程の教育内容が見直されることとなり、２０２１年から順次導入されていくこととなりました。２００７年12月に「社会福祉士及《およ》び介護《かいご》福祉士法」が改正されて以来の大きな変化です。

新たな社会福祉士養成課程の教育内容

今回の見直しでは、①養成カリキュラムの内容の充実《じゅうじつ》（地域共生社会に関する科目の創設、司法領域に関する教育内容の見直し・時間数の拡充《かくじゅう》など）、②実習及《およ》び演習の充実《じゅうじつ》（実習時間を180→240時間に拡充《かくじゅう》など）、③実習施設《しせつ》の範囲《はんい》の見直し（新たに都道府県社会福祉協議会、教育機関、地域生活定着支援《しえん》センターなどが含《ふく》まれる）、④共通科目の拡充《かくじゅう》（精神保健福祉士養成課程の教育内容との共通科目の拡充《かくじゅう》）が行われることとなりました。

4年制福祉系大学等では2021年の入学者から新たな教育内容での授業が行われます。くわしい教育カリキュラムは「なるにはコース」および93ページの図表4、94ページの図表5を参照してください。

社会福祉士が活躍する現場と仕事

幅広い職場で、福祉のスペシャリストとして活躍する

社会福祉士の仕事

社会福祉サービスに関する相談や介護《かいご》サービスの必要性は年々増加しています。社会福祉サービスを必要とする人びとが信頼《しんらい》し、安心して相談できる専門家として登場した社会福祉士。どの職場であっても社会福祉士の果たすべき職務は、専門的知識及《およ》び技術をもって、身体上もしくは精神上の障害があることや、環境《かんきょう》上の理由により日常生活を営むのに支障がある者の福祉に関する相談に応じ、助言、指導を行い、福祉サービス提供者や医師、保健医療《いりょう》サービス提供者などとの連絡《れんらく》、調整などの援助《えんじょ》を行うことです。それが「社会福祉士及《およ》び介護《かいご》福祉士法」に規定された役割です。

社会福祉士の活躍《かつやく》が期待される場は、福祉事務所、児童相談所、社会福祉協議会、社会

福祉施設《しせつ》、医療《いりょう》機関などであり、また、社会福祉士が独自に事務所を開業する独立型社会福祉士事務所、介護《かいご》保険サービスや福祉機器などを扱《あつか》う民間企業《きぎょう》で働く社会福祉士も増えてきました。一方で、教育機関や司法機関での活躍《かつやく》も広がりつつあります。

これらの職場で働く社会福祉士は、勤務先によって仕事内容や職種の呼び方が若干異なります。たとえば、都道府県庁や市区役所、町村役場、福祉事務所などといった公的機関では、地域住民のための福祉相談窓口となったり、福祉サービスの企画《きかく》や実施《じっし》を担当することになり、ケースワーカーやソーシャルワーカーなどと呼ばれています。病院などの医《い》療《りょう》機関では、医療《いりょう》ソーシャルワーカーとして患者《かんじゃ》とその家族がかかえる経済的問題に関する相談に乗ったり、退院後の在宅生活に向けたお手伝いをしたりします。社会福祉施設《しせつ》では生活相談員あるいは生活支援《しえん》員などと呼ばれ、施設《しせつ》で生活する高齢《こうれい》者や障害者の生活全《ぜん》般《ぱん》にかかわる相談援助《えんじょ》や連絡《れんらく》調整を行います。地域福祉の推進を担っている社会福祉協議会の職員は、地域によって地域福祉コーディネーターやコミュニティソーシャルワーカーなどさまざまな呼称《こしょう》があり、住民主体の地域福祉活動を進めています。また、教育機関では、学校（スクール）ソーシャルワーカーとして子どもやその家庭のかかえる問題に対応しています。

社会福祉士資格取得者の就労先で、もっとも多いのが社会福祉施設《しせつ》です。また、社会福《しゃかいふく》祉《し》士《し》振興《しんこう》・試験《しけん》センターによる「平成27年度社会福祉士・介護《かいご》福祉士就労状況《じょうきょう》調査」（図表3）によると、主な就労先は、高齢《こうれい》者福祉関係がもっとも多く43・7パーセントであり、次いで障害者福祉関係17・3パーセント、医療《いりょう》関係14・7パーセント、地域福祉関係7・4パーセント、児童・母子福祉関係4・8パーセント、行政相談所3・4パーセントとなっています。

福祉事務所

福祉事務所は社会福祉法に規定された組織で、社会福祉行政の中心を担っています。わかりやすく言えば、みなさんが暮《く》らしている地域の市役所などで福祉を担当している専門職です。

福祉事務所の業務は、生活保護法、児童福祉法、母子及《およ》び父子並《なら》びに寡婦《かふ》福祉法、老人福祉

図表3 社会福祉士就労状況

高齢者福祉関係	43.7%
障害者福祉関係	17.3%
医療関係	14.7%
その他	24.0%
児童・母子福祉関係	4.8%
生活保護関係	0.8%
地域福祉関係	7.4%
行政相談所	3.4%
その他	7.5%
（無回答）	0.3%

資料：平成27年度社会福祉士・介護福祉士就労状況調査

法、身体障害者福祉法、知的障害者福祉法に定める援護《えんご》、育成、更生《こうせい》の措置《そち》に関する事務であり、法令に関する知識が不可欠です。

行政機関である福祉事務所で働くということは公務員になることであり、まず地方公務員試験に合格しなければなりません。地方自治体によって福祉専門職として採用する場合と一般《いっぱん》職で採用する場合がありますので、希望する地方自治体の採用条件をよく確認しましょう。また、福祉事務所で働くためには社会福祉主事という任用資格が必要であり、現段階では社会福祉士資格を有していなくても働くことができます。しかし、地方自治体によっては、社会福祉士有資格者を福祉事務所に配置していこうという動きが出てきており、今後ますます広がっていくでしょう。

児童相談所

児童相談所は児童福祉法に規定された組織で、各都道府県や政令指定都市、中核《ちゅうかく》市に設置されており、２０１６年の児童福祉法改正により特別区にも設置が可能となりました。児童福祉の専門機関であり、児童虐待《ぎゃくたい》への対応のほか、子どもの発達や非行、不登校に関する相談を行っています。また、緊急《きんきゅう》時には児童の安全を確保するため、一時保護を行います。

児童相談所で働くためには、公務員試験に合格しなければなりません。現段階では社会福祉士資格を有していなくても児童相談所で勤務することは可能ですが、児童虐待《ぎゃくたい》などに対して専門的知識と技術に基づいて支援《しえん》を行っていくためにも、社会福祉士の活躍《かつやく》が強く期待されています。

児童福祉施設《しせつ》

児童福祉施設《しせつ》は児童福祉法に基づき、助産施設《しせつ》、乳児院、母子生活支援施設《しえんしせつ》、保育所、幼保連携《れんけい》型認定こども園、児童厚生施設《しせつ》、児童養護施設《しせつ》、知的障害児施設《しせつ》、知的障害児通園施設《しせつ》、盲《もう》ろうあ児施設《しせつ》、肢体《したい》不自由児施設《しせつ》、重症《じゅうしょう》心身障害児施設《しせつ》、児童心理治療《ちりょう》施設《しせつ》、児童自立支援施設《しえんしせつ》、児童家庭支援《しえん》センターなど多様な形態があります。児童福祉施設《しせつ》には児童指導員などが配置されており、また、乳児院や児童養護施設《しせつ》などには、入所から退所後までを支えていく家庭支援《しえん》専門相談員（ファミリーソーシャルワーカー）が配置されています。また、児童福祉施設《しせつ》が児童家庭支援《しえん》センターの委託《いたく》を受け、地域の子育て中の親子のさまざまな相談に応じており、担当職員として社会福祉士有資格者を配置するところも増えてきています。採用試験は各施設《しせつ》を運営する法人が行っています。

学校

小中高の学校では子どもたちの相談に対応し、必要に応じて児童相談所や主任児童委員など他機関との連絡《れんらく》調整を行う、スクールソーシャルワーカーとして働く社会福祉士も増えてきています。このスクールソーシャルワーカーと従来から配置されてきたスクールカウンセラーの違《ちが》いは、話を聴《き》くだけでなく子どもや家族を取り巻く環境《かんきょう》にも働きかけていくことです。なぜなら不登校や態度が落ち着かなくなる要因には、子ども自身の問題だけでなく、経済的問題など家庭内のさまざまな事情が深く関係している場合もあるからです。

現在は一人のスクールソーシャルワーカーが複数の学校を担当して巡回《じゅんかい》する場合が多くありますが、一校に1名配置しているところもあります。採用試験は学校の教員採用試験と同様に教育委員会が行っています。

高齢《こうれい》者福祉関連施設《しせつ》

高齢《こうれい》者福祉関連の施設《しせつ》は老人福祉法や介護《かいご》保険法などに基づき多様な形態があり、多くの社会福祉士が勤務しています。たとえば、特別養護老人ホームやデイサービスセンターには生活相談員が配置されており、ご本人やご家族の日常的な相談に応じたり、施設《しせつ》内の多職種や他機関との連絡《れんらく》調整などを行っています。生活相談員の資格要件として社会福祉主事が求められますが、最近は社会福祉士に限定して採用する施設《しせつ》も増えてきています。

また、地域包括支援《ほうかつしえん》センターには社会福祉士1名の配置が義務づけられ、主に在宅で生活する高齢《こうれい》者の権利擁護《ようご》や介護《かいご》予防に関する業務を行っています。地域包括支援《ほうかつしえん》センターは、市町村の行政が直接運営する場合と、社会福祉法人や医療《いりょう》法人などに運営を委託《いたく》する場合があります。採用試験は、行政直営の場合は公務員採用試験を受けなければならず、その他は各施設《しせつ》を運営する法人が行っています。

障害者福祉関連施設《しせつ》

障害者福祉関連施設《しせつ》は障害者総合支援《しえん》法などに基づき多様な形態があり、提供している障害福祉サービスには、訪問系、日中活動系、施設《しせつ》系、居住支援《しえん》系、訓練系・就労系があります。社会福祉士は生活指導員、生活相談員、支援《しえん》相談員などと呼ばれ、障害のある人びとが社会の一員として生活していくために、利用者や家族の相談援助《えんじょ》、自立に向けた支《し》援《えん》、関係機関との連絡《れんらく》調整などを行っています。

現在は社会福祉士資格がなくても働くことができますが、社会福祉士の役割も大きくなってきています。採用試験は各施設《しせつ》を運営する法人が行っています。

社会福祉協議会

社会福祉協議会は社会福祉法に規定されている団体ですが、行政機関ではなく民間団体であるため職員は公務員ではありません。全国レベル、都道府県レベル、市町村レベルに設置されており、今日、地域福祉の推進にあたって、在宅福祉サービスの充実《じゅうじつ》や福祉コミュニティーづくりを担う中核的《ちゅうかくてき》な役割が期待されています。社会福祉協議会で働く社会福祉士には、その地域の福祉課題を的確に把握《はあく》して、関係者と連携《れんけい》しながら必要な取り組みを生み出していく総合的な力が求められます。

また、社会福祉協議会では、認知症高齢《しょうこうれい》者や知的障害者などの権利擁護《ようご》事業を実施《じっし》しており、社会福祉士有資格者がこの業務を担うことも多くなっています。社会福祉協議会の活動は地域によってさまざまで、各社会福祉協議会がそれぞれ職員採用を行っています。公務員試験と同等な筆記試験のほかに、福祉に関する小論文や面接試験を行うことが多くあります。

医療《いりょう》機関

病院などの医療《いりょう》機関では、医療《いりょう》ソーシャルワーカーとして社会福祉士が働いています。

医療《いりょう》ソーシャルワーカーは、患者《かんじゃ》本人や家族の経済的な心配や精神的な悩《なや》み、職場復帰や退院後の生活に向けての相談や支援《しえん》を行う専門職です。職場内では医師や看護師、理学療《りょう》法《ほう》士、作業療法《りょうほう》士などとチームを組んで支援《しえん》を行い、また他機関との連絡《れんらく》調整も行います。

職能団体として公益社団法人日本医療社会《にほんいりょうしゃかい》福祉協会《ふくしきょうかい》があり、２０１８年12月現在の会員数は５７４０名です。採用試験はそれぞれの医療《いりょう》法人などが行っており、配置されている医療《いりょう》ソーシャルワーカーの人数は医療《いりょう》機関の規模によってさまざまです。

司法関係施設《しせつ》

少年院や更生《こうせい》保護施設《しせつ》、地域生活定着支援《しえん》センターなどでも社会福祉士が働いています。

こうした司法関係の施設《しせつ》に社会福祉士の配置が進められてきた背景には、受刑者のなかにかなりの高齢《こうれい》者や障害者がいる現状があり、特に満期出所者に対して円滑《えんかつ》に福祉サービスにつなぐ仕組みがないことによって、再犯リスクが高まっていたことがあります。そこで、地域生活定着支援《しえん》センターに社会福祉士を配置し、刑務所から地域生活への移行を支援《しえん》するなど、司法と福祉の連携《れんけい》が進められています。

非常勤で働く社会福祉士などの実績が認められて2014年度から福祉専門官（社会福祉士か精神保健福祉士）が矯正《きょうせい》施設《しせつ》内の専門職として設けられたことにより、最近は刑務所や少年刑務所、少年院などの矯正《きょうせい》施設《しせつ》でも、社会福祉士・精神保健福祉士の採用が始まっています。2016年度では、社会福祉士132名、精神保健福祉士20名（いずれも非常勤を含《ふく》む）が採用されています。

福祉関連企業《きぎょう》

介護《かいご》保険制度をきっかけに福祉事業に参入する民間企業《きぎょう》が増えており、社会福祉士は企《き》業《ぎょう》内における福祉のスペシャリストとして期待されています。福祉関連企業《きぎょう》といっても、在宅福祉サービスのほかに福祉用具や高齢《こうれい》者住宅などさまざまな業種がありますので、できるだけ早い段階で自分の興味関心や適性を見極めることが大切です。

民間企業《きぎょう》への就職活動は社会福祉関係の就職活動と違《ちが》って時期が早く、また準備も異なります。福祉関連企業《きぎょう》へ就職するためには、できるだけ早い段階で進路を定めたほうがよいでしょう。

独立型社会福祉士事務所

社会福祉士有資格者が事務所を開設し、権利擁《よう》護《ご》や介護《かいご》保険に関する業務を行うことによって報酬《ほうしゅう》を得ながら生活する人たちが増えてきています。どのような業務を行うかによって収入は異なり、安定的に確保できるとは限りませんが、中立の立場で住民の生活課題に応えようと高い志で仕事をしています。社会福祉士資格をもっていれば誰《だれ》でも開所することができ、単独で開所する場合もあれば、数名が共同で立ち上げる場合もあります。

弁護士・法律事務所

近年、弁護士事務所や法律事務所では、成年後見事件や民事事件、刑事事件などにおいて、さまざまな生活困難をかかえた人びととかかわるようになっています。そのため相談者の生活支援に向けて社会福祉士や精神保健福祉士を雇用するところが出てきており、新たな活躍《かつやく》の場として期待されます。

ミニドキュメント 1 児童相談所で活躍する社会福祉士

子どもに関する幅広い相談に真摯に寄り添っていく

寄稿者提供（以下同）

川崎市中部児童相談所《かわさきしちゅうぶじどうそうだんじょ》
石田博己《いしだひろみ》さん

相談業務の仕事をめざしたきっかけ

私は神奈川《かながわ》県川崎市にある中部児童相談所で児童福祉司として働いていますが、最初から福祉を志していたわけではありません。

大学卒業後は、事務職の仕事をしながら特別養護老人ホームでのボランティアをしていました。その後、「ちゃんと福祉の勉強をして、専門的な仕事をできるようにしよう」と社会福祉士・介護支援《かいごしえん》専門員の資格を取ることに。相談員として働く中で、相談業務の奥《おく》深《ふか》さに気付かされ、これを一生の仕事にしていきたいと考えるようになりました。そして縁《えん》あって川崎市役所の社会福祉職・社会人経験者採用枠《わく》での入庁に至りました。

仕事をするうちに、最初の配属先である児

童相談所を継続《けいぞく》したいと思い、現在は11年目になります。

児童相談所の業務とは?

児童相談所は子どもたちのより健やかな成長と幸せのため、児童福祉法に基づいて設けられた専門の相談機関です。原則として0歳《さい》～18歳《さい》未満のお子さんに関する相談を受け、いっしょに問題解決の方法を考えます。お子さん本人からの相談も受けつけます。

「家庭の事情で子どもの養育ができない」、「虐待《ぎゃくたい》が疑われる子どもがいる」、「盗《ぬす》み、家出、夜遊び、家庭内暴力などで対応がわからない」、「親が怖《こわ》くて家に帰りたくない」。

児童相談所に求められる対応は、時代や社会情勢の変化とともに変わってきています。戦後すぐは、戦災孤児《こじ》への支援《しえん》が中心で、1980年代あたりからは不登校、いじめや非行の問題、最近では児童虐待《ぎゃくたい》への対応が課題となっています。

里親家庭で養育を

ある日、母子世帯のお母さんから児童相談所へ相談がありました。お母さんは病気治療《ちりょう》で、2カ月ほど入院しなければなりません。子どもを預かってほしいとのことでした。

お子さんは小学校3年生の男の子。小学校2年生の時に、友だちとのちょっとしたトラブルから学校を休みがちになっていました。進級後は担任の先生が熱心に対応してくれたため、登校が安定してきたそうです。お母さんは「せっかく子どもの登校が安定してきたところなのに……」と自分を責めて、治療《ちりょう》を先延ばしにすることまで考えていました。

子どもを一時的にお預かりする場所としては、児童相談所にある一時保護所や里親家庭があります。この子の場合、学校へ通学することを考えると、里親家庭の養育がベストです。少し離《はな》れた地域に住む里親さんが「2カ月くらいなら、登下校は車で送り迎《むか》えしますよ」と協力してくれることになりました。

小学校の先生と里親さんの協力により、お母さんが入院中の生活の場が確保され、学校への登校も続けられることになりました。

児童相談所には子どもに関係するあらゆる相談が寄せられて、内容は多岐《たき》にわたっており、かつ専門的なことも多々含《ふく》まれます。そのため、児童心理司、保健師、看護師、児童精神科医、小児科医、保育士、弁護士といった多くの専門職が配置されています。

児童福祉司は相談の内容を吟味《ぎんみ》して子どもに必要な専門職を厳選し、それぞれの専門職の特性を活かし協働して子どもを支援《しえん》するチームをつくっていきます。

虐待《ぎゃくたい》の通告により

ある日、保育園の園長先生から児童相談所に虐待《ぎゃくたい》通告がありました。登園時に園児がケガをしていたというもので、すぐにケガの確認に行きました。

保育園の先生から話を聞くと、園児はマスクをつけて登園したものの、お母さんからは特に申し送りもなかった。園児のマスクを外したところ、唇《くちびる》が切れていて、頬《ほお》にもアザがあった。園児に原因を確認すると、「ママが叩《たた》いたり、つねったりしたの」と話をしたとのこと。最近、このような傷やアザが続いていたそうでした。

児童福祉司である私がお母さんから話を聞くと、お母さんは生まれたての次男の養育で疲《つか》れ切っていました。産後の体調の悪さと夜中の授乳で不眠《ふみん》が続いていたのです。長男はお母さんに甘《あま》えたくて仕方ありません。お母さんの気を引くために家の中で走り回ったり、いたずらをする長男に、つい暴力をふるって

地域から寄せられる通告に対応します

しまったということでした。お母さんは苦しい気持ちをかかえていましたが誰《だれ》にも相談できず、一人で悩《なや》んでいました。

お父さんは、「長男が言うことを聞かず妻から怒《おこ》られるのは日常茶飯事《にちじょうさはんじ》だったので、特に気にも留めていなかった。私は仕事が忙《いそが》しく、家のことを妻だけに任せっきりにしてしまっていた。今回のことは自分にも責任がある」と言いました。

その後、児童福祉司とお父さん、お母さんで話し合いを続け、家事や育児の役割分担を見直し、近所に住んでいる親族の協力も得ることができるようになりました。

お母さんは疲《つか》れた時に休みが取れるよう、短期的に子どもを預かってもらえるショートステイのサービスも使うように。お父さんの理解と協力を得て、また子育てサービスなど

を使うことにより、お母さんの長男への不適切なかかわりはなくなりました。

児童虐待《ぎゃくたい》に至る原因はさまざまです。子どもの病気や障害、発達課題、保護者の育児不安やストレス、病気、保護者自身の虐待《ぎゃくたい》をされた経験、不安定な夫婦関係や経済的な不安、社会からの孤立《こりつ》など、いくつかの要因が重なった時に起こりがちです。多くの保護者は苦しみ、悩《なや》み続けています。

児童相談所の職員として児童虐待《ぎゃくたい》に関する通告は、相談できない方・SOSが出せない方にとっての支援《しえん》・かかわりのきっかけであるととらえ、大切にしています。

公務員の社会福祉職として働くということ

川崎市の場合、社会福祉職として採用されると、児童相談所や精神保健福祉センターといった専門機関への配属はもちろん、区役所などでの生活保護や障害者支援《しえん》、高齢《こうれい》者支援《しえん》といった相談業務を主とする職場が配属先となります。

入庁後は、庁内のさまざまな業務の理解を深め、個々人の適材適所・やりがいのある仕事の見極めをすることを目的とした、ジョブローテーションの仕組みがあります。庁内のさまざまな業務を体験した上で、広い範囲《はんい》の知識や経験を活かした仕事をする人もいれば、ここだけは負けないという専門分野に特化した職人的な道に進む人などの道があります。

行政の社会福祉職採用は、「公だからこそ行える、公だけしか行えない」直接支援《しえん》から政策までの、幅広《はばひろ》い業務にたずさわれることが大きな魅力《みりょく》ですし、さまざまな分野で得た知識、培《つちか》った経験は、その後のキャリアに生きてくる大きな財産になると思います。

私の場合は、縁《えん》あってはじめて配属された職場が児童相談所でした。児童相談所は子どもに関するさまざまな相談が寄せられる場所ですが、その中で感じたのは「この仕事は難しい」「答えもない」ということでした。

支援チームで対応を検討することも

しかし、だからこそ、保護者やお子さんにひたすら向き合い、いっしょに考えていく。どんな状況《じょうきょう》になってもあきらめない、立ち止まらない。いつも、どんな時もその場面で自分ができることはあきらめずにやりきる。子どもの人生にかかわる仕事であるからこそ、大切にしている考え方です。

行政機関なので異動もあり得ますが、希望としては児童福祉分野での業務を今後も継続《けいぞく》し、専門的な知識・技術を身につけ、さらなる専門性を高めていくために、仕事をしていきたいと考えています。

児童相談所は社会福祉士の専門性を活かしていける、やりがいのある職場だと思います。

社会福祉士の生活と収入・将来性

社会福祉の中で中心的な役割を果たしていく

生活と収入

社会福祉士の収入は、所属する勤務先によって異なります。たとえば、公務員として福祉事務所や児童相談所などの行政機関に就職した場合には、その地方自治体の規定に基づいた給与《きゅうよ》となります。また、社会福祉協議会は一般的《いっぱんてき》にその地域の公務員の給与《きゅうよ》体系に準じていますが、地域によっては公務員と同じ給与《きゅうよ》体系でも号俸《ごうほう》が低くなっているところもあります。

社会福祉施設《しせつ》や医療《いりょう》機関の場合には、その施設《しせつ》・機関を運営している法人などの給与《きゅうよ》体系に基づきますが、その内容はさまざまですので、就職活動を行う際には事前に給与《きゅうよ》や福利厚生などについて確認しておくことが大切です。

スクールソーシャルワーカーは雇用《こよう》される教育委員会や学校の給与《きゅうよ》体系に準じますが、常勤や非常勤などの雇用《こよう》形態によってもこれも異なりますので、これもよく確認することが大切です。

独立型社会福祉士は、利用者個人・社会福祉法人・企業《きぎょう》・学校などとの契約《けいやく》や行政機関からの業務委託《いたく》によって収入を得ています。

2015年に社会福祉振興・試験センターが行った調査では、平均年収は正規職員の場合、男性454万円、女性380万円となっており、年齢《ねんれい》別では20代295万円、30代346万円、40代408万円、50代475万円、60代以上348万円となっています。

なお、＊中央福祉人材《ちゅうおうふくしじんざい》センターでは、インターネット上で「福祉のお仕事」というサイトを運営しています。これは全国の福祉職場の求人情報や仕事内容などを掲載《けいさい》しているものです。社会福祉士がどのような職場で求められているのか、またその業務内容や待遇《たいぐう》について知ることができますので参考にしてください。

将来性

社会福祉士は今後、ますます必要とされている専門職であり、活躍《かつやく》の場も広がりつつあります。国としても社会福祉士を中心とした社会福祉を進めようとしています。「社会福

＊中央福祉人材センター「福祉のお仕事」 http://www.fukushi-work.jp/

祉士及《およ》び介護《かいご》福祉士法」が改正に向けて審議《しんぎ》されてきた過程の中で、参議院厚生労働委員会における附帯《ふたい》決議（２００７年11月２日）では、社会福祉士の待遇《たいぐう》や職域について、つぎのような内容を盛《も》り込《こ》んでいます。

福祉事務所への社会福祉士の登用の促進《そくしん》や、社会福祉施設《しせつ》の施設《しせつ》長や生活指導員についても社会福祉士の任用を促進《そくしん》すること。司法・教育・労働・保健医療《いりょう》などの分野における社会福祉的課題の重要性に鑑《かんが》みて、これらの分野への社会福祉士の職域拡大に努めること。さらには社会福祉士や介護《かいご》福祉士の社会的評価に見合う処遇《しょぐう》の確保を図るために、介護《かいご》保険の事業者に支払われる介護《かいご》報酬《ほうしゅう》を見直していくこと、などです。

今では職員採用の際に、社会福祉士の資格

を有していることが条件となることも増えてきました。社会福祉の仕事に就く前提として、社会福祉士であることが求められる状況《じょうきょう》になってきたのです。

ただし、残念ながら社会福祉関係の仕事に対しては、仕事内容が大変で給料も安いというようなイメージが先行し、社会福祉や介護《かいご》の現場で人材不足になっている状況《じょうきょう》があります。また、社会福祉系の大学では入学者が減少し、定員割れをしているところもあります。しかし、先ほど社会福祉士の収入の状況《じょうきょう》を紹介《しょうかい》しましたが、決して生活できないような収入ではありません。そして収入以上に働く喜びを感じられる職業だと思います。

あなたもなぜ社会福祉の仕事を選ぶのか、よく考えてみましょう。社会福祉士の仕事は、日常生活の中で援助《えんじょ》を必要とする人に対するかかわりです。そして、「すべての人びとが幸せに生きる」ことを支える大切な仕事です。それは、あなた自身の生き方に大きくかかわってくるでしょう。社会福祉士としての仕事はお金のためだけでなく、もっと自分の人生に大切なものをあなたに教えてくれるはずです。

一人の不幸も見逃《みのが》さない社会、誰《だれ》もが幸せを感じられる社会のために、この本を手に取られたあなたの力を活かしてください。

なるにはコース・適性と心構え

専門的な知識の上に、人を思いやる優しさと強さを備えて

人とかかわることが好きであること

社会福祉士は多くの人とかかわる仕事です。支援《しえん》する相手やほかの専門職など、たくさんの人たちとの関係の中で仕事をしていきます。そのため、社会福祉士をめざす人に求められる適性は、何よりも人とかかわることが好きということです。その上で多くの知識や技術を身につけて、真に必要とされる社会福祉士になっていきましょう。

自分の人権感覚を研《と》ぎ澄《す》ます

ある状況《じょうきょう》に対して、解決すべき問題だと感じる人とそうでない人がいます。これは人によって判断基準が異なるからですが、福祉は人の生活にかかわることですから、社会福

祉士として支援《しえん》すべき問題に気付く人と気付かない人がいるということはあってはなりません。人として生きる上でのさまざまな権利が侵害《しんがい》されていないか敏感《びんかん》に感じ取るために、自分の人権感覚を研《と》ぎ澄《す》まし、社会福祉士として支援《しえん》すべき問題を見極めて、解決に向かっていく力を養っていきましょう。

人の強さと弱さに目を向ける

社会福祉士を志すみなさんには、きっとすでに相手を思いやる優しい心の芽が育まれていると思います。しかし気をつけなければならないのは、一方的な支援《しえん》は相手にとって好ましくない場合もあるということです。社会福祉士は相手に代わって問題を解決するのではなく、その人自身が問題解決していく力を高めるために支援《しえん》する専門職です。その際には、その人は何ができないかという観点だけでなく、むしろ何ができる人なのかという強さに目を向けていくことが大切です。

また一方では、人は誰《だれ》しも弱さをもっているものです。弱さを克服《こくふく》することだけが支援《しえん》ではなく、弱さをかかえながら強さを活かしてどう生活を支えていくかを考えていく視点を、大切にしましょう。

心の声に耳を傾《かたむ》ける

私たちは自分の悩《なや》みを誰《だれ》にでも話すわけではなく、実は信頼《しんらい》できる人を選んで相談をしています。しかし、福祉問題をかかえる人が社会福祉士に相談する時には、必ずしも最初から信頼《しんらい》関係にあるわけではないため、社会福祉士は相談を受けながら信頼《しんらい》関係を築き、話を聴《き》いていくことになります。そこで大事なことは、相手の心の声に耳を傾《かたむ》けるということです。相手が話す言葉だけがすべてではありません。相手の表情や態度、しぐさなど相手からのサインを見逃《みのが》さずに、ていねいに話を聴《き》きながら本心の声に近づいていこうとすることが、ほんとうに必要な支援《しえん》につながっていくのです。

「呼吸する」ためでなく「生きる」ための援助《えんじょ》

経済的に困っている人にとっては、金銭的あるいは物質的な援助《えんじょ》が必要です。また病気で困っている人にとっては、医療《いりょう》が欠かせません。しかしながら、人間は単に物質的な物が満たされるだけでは幸せを感じることはできません。私たち人間は生きがいを感じ、良好な人間関係に囲まれた時、生きている喜びを感じることができるのです。

そのため、福祉専門職にたずさわる人は、心をもつ生きた人間に対する援助《えんじょ》を行うにあたって、一人ひとりが「生きる意欲」をもてるためには何が必要なのかを、相手といっしょに考えていくことが大切です。

幅広い知識を具体的な援助技術を修得

教育カリキュラム

社会福祉士国家試験の受験資格を得るために、どのようなことを学ぶのか見ていきましょう。2021年からのカリキュラムでは、一般《いっぱん》養成では23科目、1200時間、短期養成では8科目、720時間となり、その科目は、大学などですべて必修化されることになりました。

一般《いっぱん》養成における科目はつぎのようになります（図表4・5）。

①医学概論《がいろん》、②心理学と心理的支援《しえん》、③社会学と社会システム、④社会福祉の原理と政策、⑤社会福祉調査の基礎《きそ》、⑥ソーシャルワークの基盤《きばん》と専門職、⑦ソーシャルワークの基盤《きばん》と専門職（専門）、⑧ソーシャルワークの理論と方法、⑨ソーシャルワークの理論と

図表4 社会福祉士養成課程新カリキュラム　一般養成・短期養成

社会福祉士養成科目	一般養成（時間数）	短期養成（時間数）	大学等	
			指定科目	基礎科目
①医学概論	30		○	○
②心理学と心理的支援	30		○	○
③社会学と社会システム	30		○	○
④社会福祉の原理と政策	60	60	○	
⑤社会福祉調査の基礎	30		○	○
⑥ソーシャルワークの基盤と専門職	30		○	○
⑦ソーシャルワークの基盤と専門職（専門）	30		○	○
⑧ソーシャルワークの理論と方法	60	60	○	
⑨ソーシャルワークの理論と方法（専門）	60	60	○	
⑩地域福祉と包括的支援体制	60	60	○	
⑪福祉サービスの組織と経営	30		○	○
⑫社会保障	60		○	○
⑬高齢者福祉	30		○	○
⑭障害者福祉	30		○	○
⑮児童・家庭福祉	30		○	○
⑯貧困に対する支援	30		○	○
⑰保健医療と福祉	30		○	○
⑱権利擁護を支える法制度	30		○	○
⑲刑事司法と福祉	30		○	○
⑳ソーシャルワーク演習	30	30	○	
㉑ソーシャルワーク演習（専門）	120	120	○	
㉒ソーシャルワーク実習指導	90	90	○	
㉓ソーシャルワーク実習	240	240	○	
合計	1,200	720	23科目	15科目

資料：厚生労働省

図表5 社会福祉士養成課程新カリキュラム　通信課程

社会福祉士養成科目	通学課程	通信課程					
		一般養成			短期養成		
		面接授業	印刷教材	実習	面接授業	印刷教材	実習
①医学概論	30		90				
②心理学と心理的支援	30		90				
③社会学と社会システム	30		90				
④社会福祉の原理と政策	60		180			180	
⑤社会福祉調査の基礎	30		90				
⑥ソーシャルワークの基盤と専門職	30		90				
⑦ソーシャルワークの基盤と専門職（専門）	30		90				
⑧ソーシャルワークの理論と方法	60		180			180	
⑨ソーシャルワークの理論と方法（専門）	60		180			180	
⑩地域福祉と包括的支援体制	60		180			180	
⑪福祉サービスの組織と経営	30		90				
⑫社会保障	60		180				
⑬高齢者福祉	30		90				
⑭障害者福祉	30		90				
⑮児童・家庭福祉	30		90				
⑯貧困に対する支援	30		90				
⑰保健医療と福祉	30		90				
⑱権利擁護を支える法制度	30		90				
⑲刑事司法と福祉	30		90				
⑳ソーシャルワーク演習	30	45	81		45	81	
㉑ソーシャルワーク演習（専門）	120		324			324	
㉒ソーシャルワーク実習指導	90	27	243		27	243	
㉓ソーシャルワーク実習	240			240			240
合計	1,200	72	2,808	240	72	1,368	240

資料：厚生労働省

方法（専門）、⑩地域福祉と包括的《ほうかつてき》支援《しえん》体制、⑪福祉サービスの組織と経営、⑫社会保障、⑬高齢《こうれい》者福祉、⑭障害者福祉、⑮児童・家庭福祉、⑯貧困に対する支援《しえん》、⑰保健医療《いりょう》と福祉、⑱権利擁護《ようご》を支える法制度、⑲刑事司法と福祉、⑳ソーシャルワーク演習、㉑ソーシャルワーク演習（専門）、㉒ソーシャルワーク実習指導、㉓ソーシャルワーク実習（短期養成は、このうち、④、⑧、⑨、⑩、⑳、㉑、㉒、㉓）。

これらの科目からもわかるように、社会福祉士には幅広《はばひろ》い知識、教養と具体的な援助《えんじょ》技術が求められています。

複数のルートから自分に合ったものを選択

まずは受験資格を得る

毎年1回、社会福祉士国家試験が行われますが、この試験を受験するためには受験資格を得なければなりません。受験資格を取得する方法としては図表6の通り、12のルートがあります。いずれのルートであっても、国家試験に合格し、登録することにより社会福祉士の資格が得られます。これらのルートを大きく分けるとつぎの四つに分けられます。

①福祉系大学等ルート
②行政職短期養成施設《しせつ》等ルート
③福祉系大学等短期養成施設《しせつ》等ルート
④一般《いっぱん》養成施設《しせつ》等ルート

図表6 社会福祉士資格取得ルート図

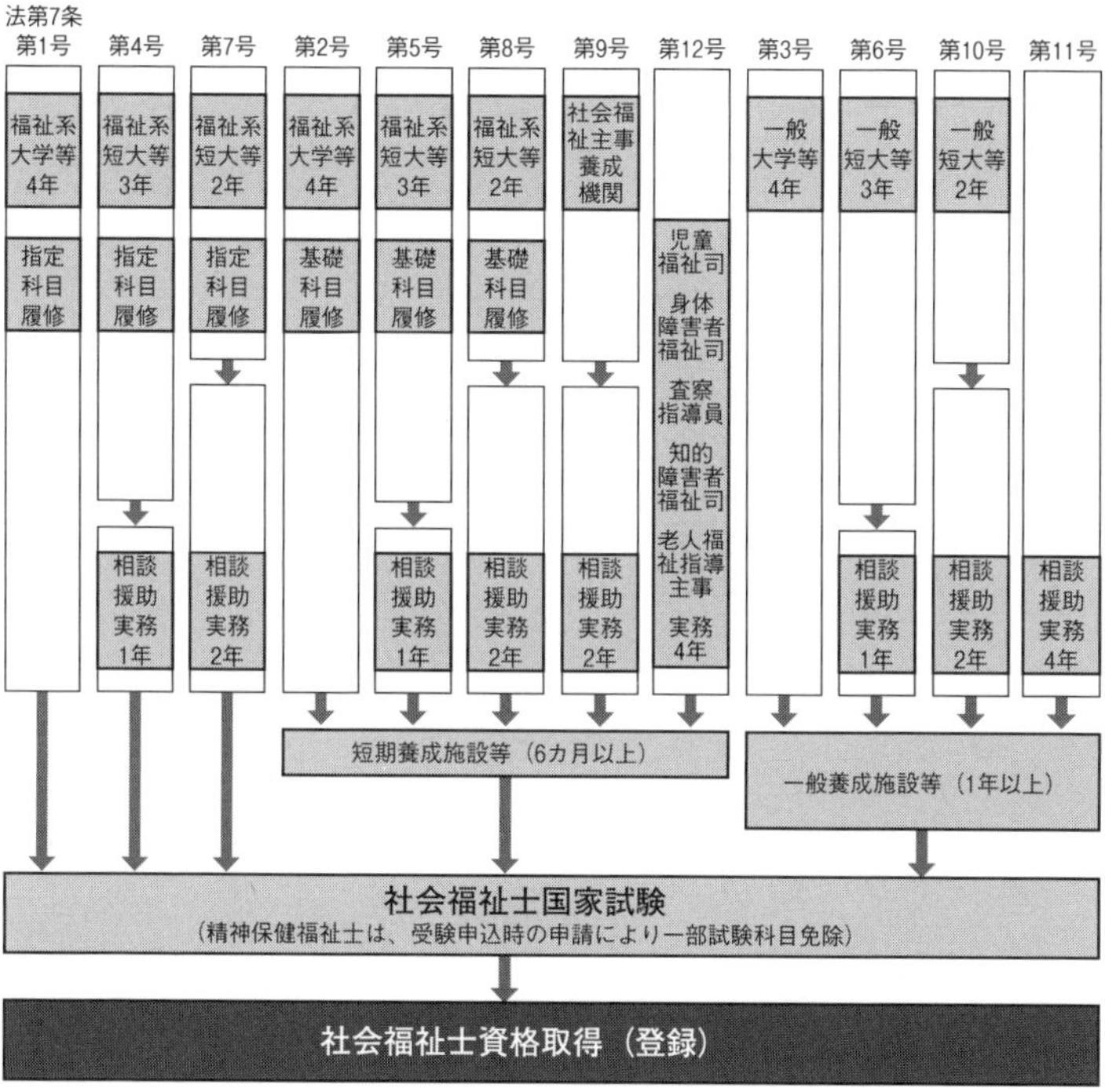

資料：公益財団法人社会福祉振興・試験センター

「福祉系大学等ルート」には、４年制の福祉系大学で指定科目を履修《りしゅう》して受験資格を取得するルートと、２年制あるいは３年制の福祉系短期大学で指定科目を履修《りしゅう》後に、指定施設《しせつ》での実務経験を経て受験資格を取得するルートがあります。

「行政職短期養成施設《しせつ》等ルート」は、行政機関において児童福祉司、身体障害者福祉司、知的障害者福祉司、査察指導員、老人福祉指導主事などの職種において４年以上の実務経験があり、６カ月以上短期養成施設《しせつ》で学んだ者に受験資格を与《あた》えるものです。

「福祉系大学等短期養成施設《しせつ》等ルート」は、４年制の福祉系大学で基礎《きそ》科目を履修《りしゅう》した後、あるいは福祉系短期大学で基礎《きそ》科目を履修《りしゅう》し、さらに卒業してから指定施設《しせつ》での実務経験を積んだ後などに加えて、６カ月以上、短期養成施設《しせつ》で学んだ者に受験資格を与《あた》えるものです。

「一般《いっぱん》養成施設《しせつ》等ルート」は、福祉系でない大学や短期大学を卒業した者のために、厚生《こうせい》労働《ろうどう》省が指定する１年以上の一般《いっぱん》養成施設《しせつ》で学んで、受験資格を取得するルートです。通信教育を行っている施設《しせつ》もありますので、近くに指定養成施設《しせつ》がなかったり、通学が困難な場合には、通信教育を利用するとよいでしょう。

社会福祉士試験

社会福祉士国家試験は１９８９年より実施《じっし》されています。実施《じっし》機関は厚生労働大臣により指定された公益財団法人*社会福祉振興《しゃかいふくししんこう》・試験《しけん》センターです。試験は毎年１回、２月上旬《じょうじゅん》に行われ、受験申込《もうしこみ》書の提出期間は毎年９月上旬《じょうじゅん》から10月上旬《じょうじゅん》ごろになります。日程など毎年多少の違《ちが》いがありますので、試験に関することは必ず社会福祉振興・試験センターから『受験の手引き』を取り寄せて確認してください。

試験科目は、①医学概論《がいろん》、②心理学と心理的支援《しえん》、③社会学と社会システム、④社会福祉の原理と政策、⑤社会福祉調査の基礎《きそ》、⑥ソーシャルワークの基盤《きばん》と専門職、⑦ソーシャルワークの基盤《きばん》と専門職（専門）、⑧ソーシャルワークの理論と方法、⑨ソーシャルワークの理論と方法（専門）、⑩地域福祉と包括的支援《ほうかつてきしえん》体制、⑪福祉サービスの組織と経営、⑫社会保障、⑬高齢《こうれい》者福祉、⑭障害者福祉、⑮児童・家庭福祉、⑯貧困に対する支援《しえん》、⑰保健医療《いりょう》と福祉、⑱権利擁護《ようご》を支える法制度、⑲刑事司法と福祉、です。

試験地は、すべての都道府県で行われているわけではなく、第33回国家試験は北海道《ほっかいどう》、青森《あおもり》県、岩手《いわて》県、宮城《みやぎ》県、埼玉《さいたま》県、千葉《ちば》県、東京《とうきょう》都、神奈川県、新潟《にいがた》県、石川《いしかわ》県、岐阜《ぎふ》県、愛知《あいち》県、京都《きょうと》府、大阪《おおさか》府、兵庫《ひょうご》県、島根《しまね》県、岡山《おかやま》県、広島《ひろしま》県、香川《かがわ》県、愛媛《えひめ》県、福岡《ふくおか》県、

＊公益財団法人社会福祉振興・試験センター　http://www.sssc.or.jp/

図表7　社会福祉士国家試験の受験者・合格者の推移

区分	受験者数（人）	合格者数（人）	合格率（%）
第 25 回	42,841	8,058	18.8
第 26 回	45,578	12,540	27.5
第 27 回	45,187	12,181	27.0
第 28 回	44,764	11,735	26.2
第 29 回	45,849	11,828	25.8
第 30 回	43,937	13,288	30.2

資料：厚生労働省

熊本《くまもと》県、鹿児島《かごしま》県、沖縄《おきなわ》県の24カ所で行われました。どこで受験するかは、受験申込《もうしこみ》書に各自が希望する受験地を書き込《こ》むことになります。第33回の受験手数料は１万５４４０円でした。

問題数は全部で１５０あり、配点は１問１点の１５０点満点です。総得点の60パーセント程度（90点以上）を合格基準としていますが、問題の難易度により合格基準点が補正されます。ただし、０点の科目があると合計点を満たしていても不合格になってしまうため、偏《かたよ》りなく学習することが大切です。

合格発表は３月中旬《ちゅうじゅん》で、これまでの試験結果は図表７の通りです。なお、２０２０年に社会福祉士として登録している人数は、25万３０７人となっています。

社会福祉士試験に合格したら

試験に合格し厚生労働省に備えられている社会福祉士登録簿《ぼ》に所定の事項《じこう》を登録すると、厚生労働大臣から社会福祉士登録証が交付されます。登録した者のみが「社会福祉士」の称号《しょうごう》を用いることができます。この際、登録免許《めんきょ》税１万５０００円と登録手数料４０５０円がかかります。

また、社会福祉士の職能団体として公益社団法人日本《にほん》社会《しゃかい》福祉《ふくし》士会《しかい》*がありますので、ぜひ加入しましょう。この組織への加入は任意ですが、会員同士の情報交換《こうかん》や研修、研究活動が活発に行われていますので、入会してネットワークを広げていくとよいでしょう。２０１９年３月末現在、約４万２０００人が加入しており、全都道府県に支部があります。入会は自宅または勤務先のある都道府県社会福祉士会が窓口となります。入会金や年会費は地域によって若干異なり、日本社会福祉士会のホームページで確認することができます。

その他、社会福祉士に関連の深い団体として公益社団法人日本《にほん》医療《いりょう》社会《しゃかい》福祉《ふく》協会《しきょうかい》*や特定非営利活動法人日本《にほん》ソーシャルワーカー協会《きょうかい》*などもあります。資格取得後もみずからの力を高めていくためにこうした職能団体に関する情報にも目を向け、関心のある活動があれば積極的に参加していきましょう。

＊公益社団法人日本社会福祉士会　http://www.jacsw.or.jp/
＊公益社団法人日本医療社会福祉協会　http://www.jaswhs.or.jp/
＊特定非営利活動法人日本ソーシャルワーカー協会　http://www.jasw.jp/

3章

精神保健福祉士の世界・なるにはコース

精神保健福祉士の誕生から現在まで

社会のさまざまな要請により、誕生した国家資格

待ったなしの状況《じょうきょう》から法案の提出へ

精神保健福祉士《ふくし》は、1997年12月12日、第141回臨時国会において可決され、翌1998年4月1日より施行《せこう》されている精神保健福祉士法（1997年12月19日公布 法律第131号）に定められた国家資格です。新しい国家資格である精神保健福祉士が創出された当時の背景には、さまざまな要因がありました。

第一には、わが国では長期にわたって入院している精神障害者に向けた社会復帰の促進《そくしん》を図ることが、待ったなしの課題となっていました。

精神保健福祉士法案の提案趣旨《しゅし》説明において、当時の厚生省《こうせい》（現厚生労働省《こうせいろうどう》）は、「わが国の精神障害者の現状については、諸外国と比べて入院して医療《いりょう》を受けている者の割合

が高く、また、入院して医療《いりょう》を受けている期間が著しく長期にわたるなどが指摘《してき》されており、精神保健の向上及《およ》び精神障害者の福祉の増進を図る上で、その社会復帰を促進《そくしん》することが喫緊《きっきん》の課題となっている」と述べています。また、「精神障害者の社会復帰に関する相談援助《えんじょ》の業務に従事する者の資質の向上及《およ》びその業務の適正化を図り、精神障害者やその家族が安心して必要な支援《しえん》を受けることができるように、新たに精神保健福祉士の資格を定めることとし、この法律案を提出することとした」と表明しています。

1996年当時は、精神科病院に入院中の患者《かんじゃ》数は約34万人を数え（2019年現在では約28万人と約6万人の減少）、患者《かんじゃ》の入院期間の平均日数は441日でした（2017

図表8 精神障害者の範囲

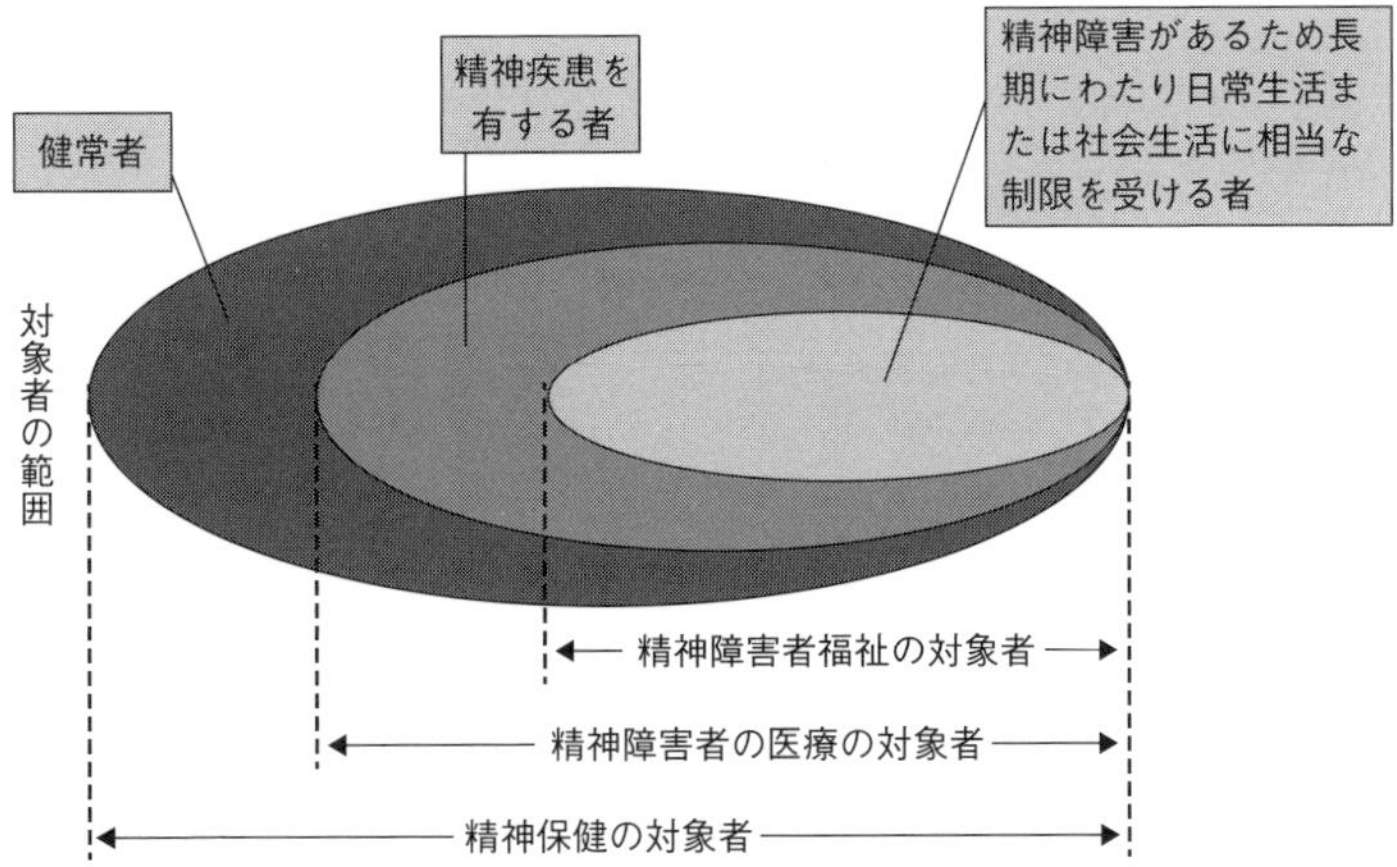

年現在では、268日と約170日の短縮）。しかも、3年以上の長期入院者が全体の58・4パーセントを占《し》めており、10年以上は33・4パーセントに及《およ》んでいました。先進諸国における精神科病床数《びょうしょう》は10床《しょう》未満（人口1万人当たりに対する病床数《びょうしょう》）が大半であり、28・7床《しょう》という日本の入院医療《いりょう》の占《し》める割合は、際立って高いものでした。

もしこのままの状況《じょうきょう》が続くことになれば、一生を精神科病院で暮《く》らすという精神障害者をたくさんつくることになります。待ったなしの課題であるという認識が、精神保健福祉士法の制定を促進《そくしん》したわけです。

精神科ソーシャルワーカーの存在

背景の二つ目には、わが国では、第二次世界大戦後にアメリカから導入された精神科ソーシャルワーカー（Psychiatric Social Worker）と呼ばれる専門職の実践《じっせん》が、社会的に評価されてきたことがあります。

一般的《いっぱんてき》にPSWといわれていますが、社会福祉学を基礎《きそ》に精神医学的な知識を学びながら、精神保健医療《いりょう》の分野で活動してきた専門援助《えんじょ》技術者たちが、1960年代以降、各地で活躍《かつやく》していました。

また、近年の精神保健福祉施策《しさく》の流れにも大きな変化がありました。1987年の精神衛生法から精神保健法への改正、１９９３年の心身障害者対策基本法から障害者基本法への改正、１９９５年の精神保健法から精神保健及《およ》び精神障害者福祉に関する法律への改正、同年12月には「障害者プラン」の策定など、精神障害者の社会復帰の促進《そくしん》と自立支援《しえん》が、施策《しさく》の前面に押《お》しだされてきたのです。

ＰＳＷはこれらの動きに対応した任用職種として、精神科病院などの医療《いりょう》機関では、精神科急性期治療病棟《ちりょうびょうとう》、療養病棟《りょうようびょうとう》、精神科デイ・ケア、精神科ナイト・ケア、認知症《しょう》疾患《しっかん》デイ・ケア、生活技能訓練療法《りょうほう》、集団精神療法《りょうほう》、訪問看護など10項目《こうもく》以上にわたる「医科診療報酬《しんりょうほうしゅう》点数表」に、配置が定められた医療《いりょう》従事者として認められてきました。ＰＳＷは民間の大きな精神科病院や県立病院で医療《いりょう》相談室を開設し、病棟《びょうとう》や外来を担当。精神科デイ・ケアやナイト・ケアのスタッフとしても配置が進み（約２６００人）、その業務も入院前の相談（受診受療援助《じゅしんじゅりょうえんじょ》・入院援助《えんじょ》）、入院中の援助《えんじょ》、退院に向けての日常生活能力の訓練、家族関係の調整、退院後の援助《えんじょ》、人権擁護《ようご》、地域活動などと幅《はば》を広げて、医療《いりょう》機関には不可欠な存在となっていました。

また地域では、１９６５年の精神衛生法改正によって保健所が地域における精神障害者施策《しさく》とサービスの第一線行政機関と位置づけられ、公的任用職種として「精神衛生相談員（現・精神保健福祉相談員）」の配置が進みました（兼任《けんにん》を含《ふく》め約２３００人）。またその業務も、精神保健福祉相談や訪問活動などの個別の相談に対応した援助《えんじょ》、社会復帰のためのグループ活動や家族のための教室などの援助《えんじょ》、社会のさまざまな資源の開発や国民に理解を求める啓発《けいはつ》など、地域での援助《えんじょ》活動に広がり、精神障害者の支援《しえん》活動がしだいに本格化してきました。

一方で、精神科のリハビリテーション資源である社会復帰施設《しせつ》や、制度にはない小規模作業所やグループホームなどがつぎつぎと誕生《たんじょう》し、１０００人を超《こ》えるＰＳＷがこの分野でも活躍《かつやく》を始めていきました。

ですから、これらの分野を合わせて約６０００人の従事者が、国家資格化される前から「無資格」の専門職として実際の業務に従事していたのです。つまり、ＰＳＷに対する国家資格の付与《ふよ》は、こうした実態を後追いで公的に承認したともいえます。

こうして精神保健福祉士は、精神障害者の自立と社会参加、そして社会統合を援助《えんじょ》する新しい専門職種として、その役割がますます期待されてきたのです。

高度な専門職の必要性により

背景の三つ目として、新たな専門職としての人材の量も質もきちんと養成し、確保する必要性が増えてきたことがあります。専門職業としての社会的認知が広がれば広がるほど、無資格のままでは、医療《いりょう》やリハビリテーション、社会福祉援助《えんじょ》の質が疑問視されることになります。

病院に代表される医療《いりょう》現場の専門職として、医師、看護師、保健師、薬剤師《やくざいし》、栄養士、診療《しんりょう》放射線技師、臨床《りんしょう》検査技師、理学療法《りょうほう》士、作業療法《りょうほう》士などさまざまな職種の人びとが働いていますが、中心となる職種のすべては国家資格です。ですから、ＰＳＷだけが国家資格という公的承認が得られないままでは、狭義の医療《いりょう》チームに参加しても相手にされにくいでしょう。また、精神科リハビリテーションを担うことも、法的根拠《こんきょ》がないまま行うことになりかねません。

つまり、医療《いりょう》関係者との連携《れんけい》がうまくいかないかその配置がなかなか進まないことで、結果として自立と社会参加を願い、「安心して必要な援助《えんじょ》が受けられること」を求める精神障害者とその家族の期待を裏切ることになります。

精神保健福祉士は、精神保健福祉士法第２条において、「精神保健福祉士とは、第28条の登録を受け、精神保健福祉士の名称《めいしょう》を用いて、精神障害者の保健及《およ》び福祉に関する専門的知識及《およ》び技術をもって、精神科病院その他の医療施設《いりょうしせつ》において精神障害の医療《いりょう》を受け、又は精神障害者の社会復帰の促進《そくしん》を図ることを目的とする施設《しせつ》を利用している者の地域相談支援《しえん》（障害者の日常生活及《およ》び社会生活を総合的に支援《しえん》するための法律〈平成17年法律第

123号〉第5条第18項《こう》に規定する地域相談支援《しえん》をいう。第41条第1項《こう》において同じ。）の利用に関する相談その他の社会復帰に関する相談に応じ、助言、指導、日常生活への適応のために必要な訓練その他の援助《えんじょ》を行うこと（以下「相談援助《えんじょ》」という。）を業とする者をいう」と改正されました（施行《せこう》日：2019年12月14日）（2019年法律第37号による改正）。

精神保健福祉士が活躍する現場と仕事

病院、行政を中心に幅広い分野で働く

精神科医療《いりょう》機関

今日、精神保健福祉士の活躍《かつやく》する現場は、国家資格が制定された当時よりもずいぶんと広がっています。ここでは、代表的な職場とそこでの主な仕事や役割を紹介《しょうかい》しましょう。

まずは、精神科医療《いりょう》機関があります。総合病院の精神科、単科の精神科病院、精神科診《しん》療所《りょう》、医療《いりょう》機関を併設《へいせつ》している精神科デイ・ケア、介護《かいご》老人保健施設《しせつ》などさまざまな施設《しせつ》で、精神保健福祉士は専門職として働いています。

仕事内容は、勤める医療《いりょう》機関によって少し異なりますが、精神障害者の生活を支援《しえん》する役割が中心です。ですから、医師や看護師のように治療《ちりょう》を中心に担う医療《いりょう》専門職ではありません。あくまで福祉専門職として、医療《いりょう》と家庭や地域生活の橋渡《はしわた》しをすること、患者《かんじゃ》さんの権利擁護《ようご》を大切にしていることは共通しています。

●精神科病院

精神科病院（２００６年に精神病院から名《めい》称《しょう》が変更《へんこう》）では、歴史的にもっとも早い時期から活躍《かつやく》していました。

２０１０年現在、全国に１６６７カ所ある精神科病床《びょうしょう》を有する病院（うち１０８２カ所は精神科病床《びょうしょう》が中心で「精神科病院」と呼ばれている）では、受診《じゅしん》や入院にともなう患者《かんじゃ》さんや家族の不安や悩《なや》みを受けとめながら、医師の診察《しんさつ》に必要な情報を聴《き》き出します。つまり、これまでの患者《かんじゃ》さんの生育や生活の歴史、学校や家庭でのようす、職業生活や対人関係、受診《じゅしん》に至る経過などをじっくり聴《き》くことから始めるのです。

入院となれば、学校や家族、職場との調整、医療費《いりょうひ》など経済的な相談に応じることや、入院中の生活にかかわる日常的な相談が主な仕事になります。

病気がよくなって退院が近づくと、学校や家庭、家族の受け入れを調整します。長い入院生活後の患者《かんじゃ》さんの場合は、アパートやグループホームなど住む所や、働く場所の確保を図るなど、じっくり話し合いながら進めていきます。また、退院後も、地域で支える機関や援助者《えんじょしゃ》に結びつくまでは、しばらく家庭訪問をしたりもします。

●精神科診療所《しんりょうじょ》

精神科診療所《しんりょうじょ》は最近とても増えており、「精神科」や「神経科」を掲《かか》げた診療所《しんりょうじょ》（「心療《しんりょう》内科」を除く）は2014年現在6481カ所と、6000カ所を超《こ》えています（厚労省医療施設調査：2014年10月1日）。その理由として、わが国の精神疾患《しっかん》を有する患者《かんじゃ》数が、約419万3000人（入院患者《かんじゃ》数約30万2000人、外来患者《かんじゃ》数約389万1000人：2017年患者《かんじゃ》調査）へと急激《きゅうげき》な増加が続いており、400万人を超《こ》える水準となっています（国民の34人に1人が受診《じゅしん》）。特に、うつ病や神経症《しょう》などの病気が大幅《おおはば》に増えてきたことも背景としてあります。また、アルコール、薬物、ギャンブルなどの各依存《いぞん》症《しょう》などへの対策として、依存症《いぞんしょう》専門医療《いりょう》機関や依存症《いぞんしょう》治療《ちりょう》拠点《きょてん》機関などの地域の医療《いりょう》・相談支援《しえん》体制の整備を推進することや、予防および相談から治療《ちりょう》、回復支援《しえん》に至る切れ目のない支援《しえん》体制の整備にも、地域における精神科診療所《しんりょうじょ》が期待されてきました。このうち約半数の診療所《しんりょうじょ》で精神保健福祉士が働いています。病院と違《ちが》い、患者《かんじゃ》さんは在宅で日々暮《く》らしており、勤めている方でも定期的に診療所《しんりょうじょ》に通院しています。

主な仕事は、医師に協力して生活にかかわる情報を聴《き》く、患者《かんじゃ》さんの日々の生活課題の解決をいっしょに考える、デイ・ケア（日中に診療所《しんりょうじょ》に通うこと）で、同じ病気を患《わずら》っている仲間たちといっしょに生活リズムを整える、復学や復職、進学や働く準備をする、友人をつくる、といったことを支援《しえん》しています。

２０１４年の改正精神保健福祉法により、医療《いりょう》保護入院者の退院後の生活環境《かんきょう》に関する相談および指導を行う者（精神保健福祉士など）の設置や、地域援助《えんじょ》事業者（入院者本人や家族からの相談に応じ、必要な情報提供などを行う相談支援《しえん》事業者など）との連携《れんけい》、退院促進《そくしん》のための体制整備（退院支援《しえん》委員会の設置）などが義務づけられました。また、「心神喪失《そうしつ》等の状態で重大な他害行為《こうい》を行った者の医療及《いりょうおよ》び観察等に関する法律」（２００３年制定）に基づく指定医療《いりょう》機関では、精神保健福祉士がチーム医療《いりょう》の一員として社会復帰プログラムなどの業務を担います。これらにより精神保健福祉士の配置数は、大幅に増加しており、多い医療《いりょう》機関では20名を超《こ》えています。

また、療養《りょうよう》型病院や介護《かいご》保険関連施設《しせつ》などでも、認知症《しょう》などの増加により精神保健福祉士を配置するところが増えてきました。ここでも、高齢者《こうれい》の生活支援《しえん》や家族支援《しえん》を行っています。

行政機関

精神保健福祉にかかわる行政機関でも精神保健福祉士が活躍《かつやく》しています。

●精神保健福祉センター

精神保健福祉センターは精神保健福祉法という法律に基づいて、現在ではすべての都道府県と政令指定都市に設置されています（全国69カ所。東京都は3カ所）。また、大きな都市では、総合精神保健福祉センターといって、就労支援《しえん》を含《ふく》む総合的な精神障害リハビリテーションを行う施設《しせつ》も設置されています。

ここでの仕事は広く、国民の心の健康課題のすべてを扱《あつか》っています。そのため、偏見《へんけん》をなくすための普及《ふきゅう》活動・福祉教育をはじめ、思春期、アルコール依存症《いぞんしょう》、認知症《しょう》、うつ病などの専門的な相談援助《えんじょ》のほかに、調査研究や医療《いりょう》・保健・福祉・教育・労働・司法・産業など広域的な関係機関との連携《れんけい》も行います。また、人材の育成、保健所や市町村の活動支援《しえん》、法律に基づく事務や法律に基づく審査《しんさ》など、業務の幅《はば》が広いのが特徴《とくちょう》です。

このセンターには精神保健福祉士が配置されていないところも一部ありますが、約8割は配置されています。また、精神障害リハビリテーションを行っているセンターでは、10名を超《こ》える精神保健福祉士が働いています。

●保健所

保健所は精神保健福祉士の配置がもっとも早く、川崎《かわさき》市や大阪《おおさか》府、新潟《にいがた》県などでは半世紀ほど前から、精神衛生相談員（当時）という職名の専門職が配置されていました。2020年現在、全国469カ所ある保健所の多くで、精神保健福祉相談員という職名で保健師とともに精神保健福祉士が働いています。

主な業務は、精神科の受診《じゅしん》・受療《じゅりょう》や社会復帰に関する相談援助《えんじょ》や訪問活動、グループ活動での社会復帰援助《えんじょ》活動、家族教室、患者《かんじゃ》会や家族会などの組織育成です。また、精神保健福祉にかかわるボランティアの育成や、市町村の活動支援《しえん》なども行っています。

●市町村

市町村でも最近は、精神保健福祉士を採用するところが増えてきました。これは2002年施行《せこう》の精神保健福祉法の改正によって、精神障害者の福祉に関する相談や援助《えんじょ》の窓口が、保健所から市町村に移ったことによります。現在では、市町村が精神障害者保健福祉手帳や自立支援《しえん》医療《いりょう》の手続きをする申請《しんせい》窓口となっています。ほかの障害者と同じように、ホームヘルプサービスや日常生活の支援《しえん》をするのが市町村となっています。

ここでの精神保健福祉士は、さまざまな障害福祉サービスを企画《きかく》したり、法律に基づく各種サービスの手続き事務をしたり、地域住民向けの啓発《けいはつ》活動に取り組んだり、地域の関係機関と連携《れんけい》して精神障害者の地域での自立生活を支援《しえん》しています。

障害者自立支援《しえん》法による各種の障害福祉サービスを提供する諸施設《しせつ》・機関も、つぎつぎと誕生《たんじょう》していきました。これまでは、障害の種別ごとにサービスや施設《しせつ》も複雑に分けられていましたが、2006年に障害者自立支援《しえん》法が施行《せこう》されてからは、5年間の経過措置《そち》はありましたが、施設《しせつ》やサービスの体系が身体障害者・知的障害者・精神障害者をいっしょ(対等)に扱《あつか》うことになり、地域での自立を支援《しえん》するために市町村がその中心的な役割を

担うことになりました。なお、２０１３年、地域社会における共生の実現に向けて、社会参加の機会の確保及《およ》び地域社会における共生、社会的障壁《しょうへき》の除去に資するよう、障害者自立支援《しえん》法を改正する形で「障害者の日常生活及《およ》び社会生活を総合的に支援《しえん》するための法律（略称《りゃくしょう》・障害者総合支援《しえん》法）」が施行《せこう》されました。２０１６年には法律が一部改正されて、２０１８年４月より改正法が施行《せこう》されています。

このほかにも、より専門性が高い事業やサービス提供者の教育などは、都道府県が行っています。サービスの多くは、市町村が民間の社会福祉法人など（指定相談支援《しえん》事業者）にお願いして、実際は提供されています。そのため、多くの地域の関連した障害者支援《しえんし》施設《せつ》で精神保健福祉士は活躍《かつやく》しています。

主な仕事は地域での精神障害者の自立生活を支援《しえん》することですが、なかでも働くことの支援《しえん》が近年では重視されています。そのため、日常生活の訓練をする施設《しせつ》では、料理や掃《そう》除《じ》などの具体的な家事や金銭管理などをいっしょに行い、助言します。一般企業《いっぱんきぎょう》への就労を準備する訓練を行う施設《しせつ》では、生産的な作業を通して職業リハビリテーションを実施《じっし》しています。また、実際の就職活動に関する助言、職場への定着のための支援《しえん》なども行います。

福祉的な就労といって、ふつうに働くことが難しい場合でも、保護的な就労（実際の職場ではないが支援《しえん》する職員がいて働くことができる施設《しせつ》）を通して社会参加を目的とする施設《しせつ》もあります。ここでは、友だちをつくるための交流やレクリエーション活動、生活の充実《じゅうじつ》のためのさまざまなプログラムも用意されており、精神保健福祉士が精神障害者の社会参加を支援《しえん》しています。

司法分野

精神保健福祉士は、司法関係の分野でも活躍《かつやく》しています。２００３年に制定された「心神喪失《そうしつ》等の状態で重大な他害行為《こうい》を行った者の医療及《いりょうおよ》び観察等に関する法律」（「医療《いりょう》観察法」）による社会復帰調整官や、精神保健参与員《さんよ》への任用があります。不幸にして精神科の病気が主な原因で、刑法上の重い罪を負うことになった精神障害者の治療《ちりょう》や社会復帰を援助《えんじょ》する専門職として、精神保健福祉士にその役割が期待されています。

社会復帰調整官は、全国の保護観察所に配置されている国家公務員です。医療《いりょう》観察法に基づく指定医療《いりょう》機関では、社会復帰調整官がチーム医療《いりょう》の一員として、生活指導や社会復帰プログラムなどの業務を担っています。

また、最近では、一般《いっぱん》の矯正《きょうせい》施設《しせつ》である刑務所や少年院、地域定着支援《しえん》センターなどの更生《こうせい》保護施設《しせつ》でも、社会福祉士と同様に精神保健福祉士が採用されるようになってきました。これは受刑者の社会復帰がなかなか難しく、特に社会生活において十分なケアがなされていない障害者の再犯率が高いことや、受刑者の高齢《こうれい》化が進んできたという社会背景から、新たな援軍《えんぐん》として福祉専門職が期待されてきたことによります。

教育機関

教育機関である小中学校でも、社会福祉士と同様に精神保健福祉士は活躍《かつやく》しています。不登校や校内暴力、いじめなどの増加により、これまで配置されていたスクールカウンセラーだけでは解決が難しくなってきました。そのため、家庭と学校、地域社会全体での連《れん》携《けい》した取り組みを強化しようと、文部科学省《もんぶかがく》はスクールソーシャルワーカーという新しい職能である福祉専門職に期待を寄せています。

精神保健福祉士は、直接子どもたちとかかわることに加えて、家庭や地域の関係機関を含む連携《れんけい》の中心となってネットワークをつくり、地域ぐるみの支援《しえん》に取り組んでいます。当初の配置数は少なかったのですが、最近では、各地の教育委員会も採用募集《ぼしゅう》を始めており、これからの活躍《かつやく》が期待される分野となっています。

労働行政など

労働行政や機関でも精神保健福祉士は活躍《かつやく》しています。公共職業安定所（ハローワーク）では、精神障害者の職業支援《しえん》を専門に担当する相談員に、精神保健福祉士が採用されています。また、地域の障害者職業センターには障害者職業カウンセラーという専門職がおり、精神保健福祉士の資格をもっている人が多く採用されています。

産業分野

大《だい》企業《きぎょう》が中心ですが、産業分野でも健康相談室などで精神保健福祉士の資格をもつ人が多く働いています。これは職場で増えつつあるストレス性疾患《しっかん》の予防やうつ病対策など、

勤労者のメンタルヘルス対策を強化する必要に迫《せま》られてきたことによります。安全衛生法の改正により2015年12月からは、「ストレスチェック制度」が導入されましたが、その実施者《じっし》として医師・保健師・看護師らとともに精神保健福祉士が位置づけられました。

その他の機関

その他の地域の援助《えんじょ》機関、たとえば、行政機関である児童相談所や福祉事務所、女性相談所*をはじめ、公共性の高い社会福祉協議会や地域包括《ほうかつ》支援《しえん》センター、民間の相談機関などでも、精神保健福祉士が活躍《かつやく》しています。最近では、これらの行政機関や公共性の高い援助《えんじょ》機関で、社会福祉士が「きょうだい資格である」精神保健福祉士の資格も取得する動きが広がっています。また、独立して個人で精神保健福祉士事務所を開業している人もいます。精神保健福祉士を養成する専門学校や大学での教育職でも、多くの精神保健福祉士が活躍《かつやく》しています。

このように現在、精神保健福祉士の多くが、さまざまな精神保健福祉の現場で実際の業務に従事しています。

精神保健福祉士の任用は、各種の相談機関や生活支援施設《しえんしせつ》、国民のメンタル領域の拡大に添《そ》うように広がっていますし、精神保健福祉士の地域での働きもますます期待されてい

＊女性相談所（婦人相談所）　婦人保護事業の中で女性に関するさまざまな相談に応じる機関。

ます。精神保健福祉士は、精神障害者の退院促進《そくしん》・地域移行の支援《しえん》や地域での自立生活支《し》援《えん》に加えて、精神科医療《いりょう》の改革、精神障害リハビリテーションの推進、地域における社会資源の創出、司法への関与《かんよ》、権利擁護《ようご》の担い手、新たなメンタルヘルスへの対応、偏見《へんけん》や差別をなくす地域啓発《けいはつ》活動、精神保健福祉士の職場は、当初想定された精神医療《いりょう》や障害者福祉だけではなく、学校教育、司法、産業など、期待される役割がますます拡大傾向《けいこう》にあり、魅力《みりょく》ある専門職となってきました。

こうした動きを背景に、長く精神医学ソーシャルワーカー（ＰＳＷ：Psychiatric Social Worker）の職能団体として活動してきた「公益社団法人日本精神保健福祉士協会」はその英語表記名を２０２０年６月21日から、「Japanese Association of Mental Health Social Workers」と称し、略称を「ＪＡＭＨＳＷ」としています。

今後は、精神保健福祉士が活躍《かつやく》できる職域の拡大がさらに予想されます。今後は、社会での認知を一層広げ、現場での労働環境《かんきょう》や待遇《たいぐう》のこれまで以上の改善を図ることや、知見・識見・問題解決能力の向上など、資格取得後の専門性の向上に向けた生涯《しょうがい》教育や系統的な教育援助《えんじょ》の体制を確立することが課題となってきています。

ミニドキュメント 2 保健所で活躍する精神保健福祉士

相談者の人生にかかわり、学んで、資格職として成長する

寄稿者提供（以下同）

川《かわ》口《ぐち》市《し》保《ほ》健《けん》所《じょ》
小《こ》林《ばやし》三《み》紗《さ》さん

精神保健福祉士をめざしたきっかけ

私が精神保健福祉士の資格を知ったのは、大学に入ってからでした。大学3年生で女性相談所に実習へ行った時のことです。ある利用者の方から「配偶者《はいぐうしゃ》の暴力がきっかけでうつ病になり治療《ちりょう》を受けていた」とうかがいました。明るく気さくな方だったので、とても驚《おどろ》きました。同時にメンタルヘルスの問題を、「誰《だれ》にでも起こりうる身近なできごと」としてとらえました。「この仕事なら、当事者の方と同じ目線で働き続けることができるのかも」と思い、精神保健福祉士をめざすことに。

卒業後は精神科病院に就職。医療《いりょう》福祉相談室の相談員として働いたのち、地域生活支援《しえん》センターに異動しました。そこは地域で生活

する方々が利用するので、生活の悩《なや》みを聞くことが増えます。家事の困りごと、お金の心配、仕事の悩《なや》みまで幅広《はばひろ》い内容です。

当時の私は、実家暮《ぐ》らしで家事の経験もなく、わからないことだらけでした。何もできない私が考えたのは、生活を知ること、経験することでした。ひとり暮《ぐ》らしが長い当事者の方に話を聞き、訪問して生活のようすを教えていただきました。また、自分でも体験しようと、ひとり暮《ぐ》らしを始めました。家を借りる、料理をする、掃除《そうじ》をする……。生活ではあたりまえのことですが、その経験が仕事に活かされることが多かったと思います。

精神保健福祉士は自分の人生経験すべてが活かせる仕事だと感じます。わからない部分、足りない部分は知る努力をするしかないのです。当事者や家族など相談にいらした方と同じ体験はできませんが、私たちの仕事は話をただ聞くことではなく、「今、目の前の人にベストをつくすサポートをするにはどうすればよいか」を考え、行動することなのです。

行政の精神保健福祉士へ

その後は、行政の仕事に興味をもちました。病院外の地域の人たちとともに、精神障害者と地域をつなげることができないかと考えたのです。また、デイケアセンター*で勤務している時に、「こんなプログラムがあったらいいな」をデイケアの利用者、職員と話し合いながら形にしていく作業も楽しいことでした。

地域の支援《しえん》者や住民などを巻き込《こ》んでいっしょに何かできないかな……と考えた時に、地域社会の基盤《きばん》づくりをし、地域住民に広く働きかけることができる行政職という選択肢《せんたくし》

＊デイケアセンター　医療機関への通院による集団治療プログラムを行う施設。

が出てきました。転職は悩《なや》みましたが、相談者と接する機会を減らしたくないと思い、市民一人ひとりに寄り添《そ》って働くことができる、市の職員を選びました。

保健所の業務

市に入職後は、埼玉《さいたま》県川口市の保健センタ*ーで働いた後、川口市保健所の疾病《しっぺい》対策課精神保健係に異動。保健所は地域住民の生活を支える中核《ちゅうかく》となる施設《しせつ》に位置づけられており、精神保健係では、市民の方からの相談だけでなく、地域の関係機関の方からの相談に乗ることも多くあります。

「眠《ねむ》れない」「食欲がない」という体調不良の相談から、「子どもが何年も家でひきこもっている。病気かもしれない」という家族の相談、「〝死にたい〟と言っている人がいるので相談に乗ってほしい」という緊急《きんきゅう》性の高い相談など、内容も多岐《たき》にわたります。

相談業務だけでなく、講演会や教室、イベントなど、さまざまな事業をすることも大切な業務です。本人や家族を対象としたものだけでなく、市民全般《ぜんぱん》にメンタルヘルスについて知ってもらうための普及啓発《ふきゅうけいはつ》活動、地域の支援《しえん》者の人材育成などもあります。

相談を聞く上で大切にしていること

私たちが対応する相談には、相談者の目的がはっきりしないものも多くあります。病院なら「治療《ちりょう》をすること」、地域の事業所なら「日中活動をする」などの目的がありますが、「困っているけどどうしたらよいのかわからない」という方も多く、状況《じょうきょう》を整理し、ア*セスメントをする作業が重要です。

＊**保健センター（市町村保健センター）**　健康相談、保健指導、健康診査など、地域保健に関する事業を地域住民に行うための施設。
＊**アセスメント**　対象者に対し、情報収集、分析を行い、必要なかかわりを行うための見立てをすること。

未治療《ちりょう》や治療《ちりょう》中断の方に関する相談も多いですが、「精神障害者だと思われる方＝治療《ちりょう》させなければ」ではありません。周囲の話を

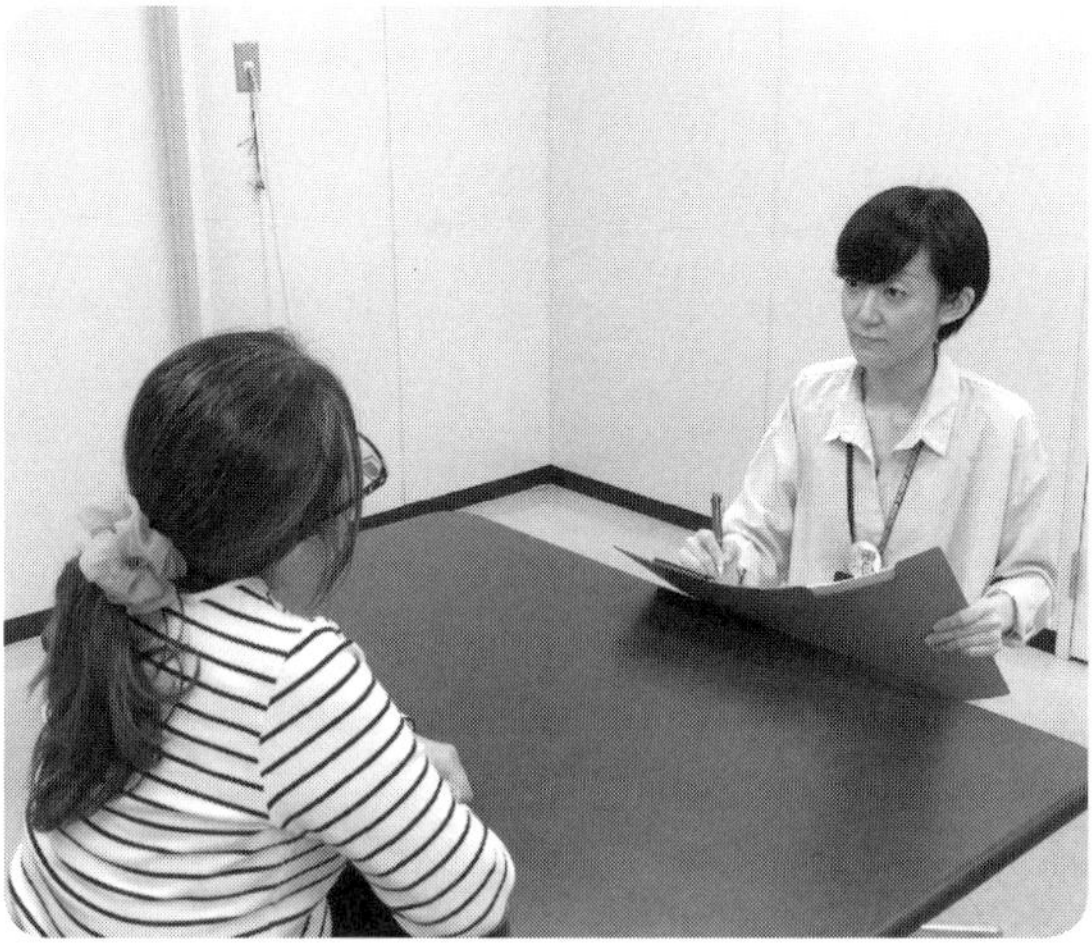

毎日、たくさんの相談に向き合います

鵜呑《うの》みにせず、必ず本人に会い、困りごとを解決するために治療《ちりょう》が必要なのかを考えます。

そして、自分で考えたことを、職場にもち帰って、係の上司や同僚《どうりょう》と共有し検討することも重要な仕事です。私たちへの相談が、その人の人生を大きく左右することもあります。私たちの支援《しえん》が誰《だれ》かの権利を侵害《しんがい》しないようにするためには、違《ちが》った視点での意見を聞いて、自分だけで判断しないようにする必要があります。また、相談を一人でかかえ込《こ》み、苦しくならないようにするためにも、チームで対応することは大切なことです。

相談には、家族、地域住民、関係機関などの周囲が困っていても、最初の時点では本人は困っていないということもあります。でも、本人はほんとうに困っていないのでしょうか。たとえば、病気の症状《しょうじょう》でずっと家にこも

っている人は、それでいいのでしょうか。もしかしたら本人は「これでよい」と言うかもしれませんし、「今の環境《かんきょう》が安心できる」と言うかもしれません。でも、症状《しょうじょう》がなくなって外に出られるとしたら？　ほかの選択肢《せんたくし》を知らないだけだとしたら？

行政機関は、最初の相談窓口になることも多く、私たちの働きかけがきっかけで、本人の5年後、10年後が変わるかもしれません。だからこそ、時間がかかっても、本人の思いを聞きながら、どうしていったらよいのかいっしょに考え、いろいろな選択肢《せんたくし》があることを伝え続けることは、行政で働く専門職のすべき役割だと感じています。

行政職員だからできること

保健所の精神保健福祉士は、市民の「どうしよう、困った」を適切な相談につなげていくことができます。相談を受けたことをきっかけに、本人の生活が豊かになり、その人らしい生活が送れるようになるとうれしいです。

時には、保健所ですぐにはできることが少ない相談を受けることもありますが、どんな相談でも話を聞き、適切な機関につなげていくことが、市で働く相談員としての仕事だと思います。

また、地域の困りごとや「あったらいいな」を集めて、事業化したり、仕組みづくりをして、地域に還元《かんげん》することもできます。

相談に乗りながら、講座や普及啓発《ふきゅうけいはつ》などの事業をしていくことは大変で、正直「去年と同じでよいかな……」と思うこともあります。でも、日々の相談から地域の課題が浮《う》き彫《ぼ》りになります。それをより地域づくりに活かしていくことは、市の職員として続けていくべき責務です。

この仕事をしていて思うこと

仕事を続けるためには、「謙虚《けんきょ》でいること」、「感謝ができること」が大切だと思います。

精神保健福祉士にとって、資格取得はスタートラインに立ったに過ぎないと思っています。相談者の人生にかかわり、さまざまなことを学ぶことでしか成長はできません。また、職場だけでなく、地域のいろいろな方々と連携《れんけい》しなければ仕事ができません。どんなにつらいできごとでも、その経験からの学びが今の私をつくり、動かしていると思います。

保健所内での調整も欠かせません

　変わりゆく時代の中で、目の前の人に最善の支援《しえん》をするためには、学び続けることも大切だと感じます。転職し、医療《いりょう》機関と行政の業務の違《ちが》いになじめず悩《なや》んでいた時に、市で働く同じ職種の先輩《せんぱい》から「一生専門職でいるためにいっしょに学び続けましょう」と言われました。この言葉が私を支えています。

　これからも、まわりの方々に感謝の気持ちを忘れず、市の精神保健福祉士として働き続けていきたいです。

資格の重要性をアピールして、社会的認知を進めよう

生活と収入

精神保健福祉士の収入は、どのような職場で働いているかによって大きく違《ちが》います。勤務先や役職は多岐《たき》にわたるため、年収に実際はかなりのばらつきがあるようです。基本は、2章の社会福祉士の項目《こうもく》（84ページ）でも述べていますので参考にしてください。

国家公務員である社会復帰調整官や刑務官、地方公務員である市町村や保健所、精神保健福祉センター、児童相談所あるいは国公立の病院に勤めている精神保健福祉士などの給《きゅう》与《よ》は、国家公務員俸給《ほうきゅう》表やそれぞれの自治体の俸給《ほうきゅう》表に基づいています。ですから収入は、ほかの職員と同様でいわゆる「世間並《な》み」でしょう。また、資格があることで特殊《とくしゅ》勤務手当や資格手当などの各種手当もついていますし、もちろん、年2回の賞与《しょうよ》（ボーナス）、

住宅手当、扶養《ふよう》手当、通勤手当、場所によっては夜勤や日直手当など一般的《いっぱんてき》な手当もついています。公務員は、一般《いっぱん》の勤労者に認められている争議権などが制限されている代わりに、法律に基づいて人事委員会が給与《きゅうよ》など労働条件を毎年勧告《かんこく》する仕組みになっています。その際に、地方公務員であれば、それぞれの地域での勤労者の平均的な給与《きゅうよ》を参考にする仕組みですから、収入も身分も安定しているといわれています。

また、社会福祉協議会や地域障害者職業センター、独立行政法人などに勤めている精神保健福祉士は、「公務員に準じる」仕組みですから、給与《きゅうよ》や労働条件は公務員並《な》みかそれよりも少し低い程度です。比較的《ひかくてき》大きな医療《いりょう》法人や社会福祉法人あるいは、大企業《だいきぎょう》の健康相談室などに勤めている場合は、公務員よりも給与《きゅうよ》が高いところもあります。

また、大学に勤めている教員や、個人開業で顧客《こきゃく》が多くいる独立型の精神保健福祉士事務所の一部は、収入が世間並《な》みより高い場合もあります。しかし、多くの民間施設《しせつ》や事業所、小さな民間の精神科病院では、残念ながら世間並《な》みよりは低いようです。

2015年の公益財団法人社会福祉振興《しゃかいふくししんこう》・試験《しけん》センター（厚生労働《こうせいろうどう》省協力）による調査では、精神保健福祉士（非正規職員・パートなどを含《ふく》む）の平均年収は、347万円です。正規職員では、男性（28・5パーセント）が426万円、女性（71・4パーセント）が368万円となっています。この額は、精神保健福祉士の多くがまだ若い人であることも反映しています。ですから、平均年齢《ねんれい》を考えると社会福祉士と同じくらいです。

このように給与《きゅうよ》などの待遇《たいぐう》面は決してよいとはいえません。その理由はいろいろありますが、まず精神科病院などの医療《いりょう》機関では、精神保健福祉士の仕事は医療《いりょう》機関の主な収入源である診療報酬《しんりょうほうしゅう》の算定が十分にはできていないため、医師や看護師とは違《ちが》い「不採算部門」と見なされていることによります。しかし、精神保健福祉士は、退院援助《えんじょ》や医療《いりょう》費相談などで長期の入院（診療報酬《しんりょうほうしゅう》では、入院期間が長期化すると一日当たりの医療《いりょう》収入は減る仕組み）や料金未納を防いでいますし、医師が多くの外来患者《かんじゃ》さんを効率よく診《み》ることもできます。また、患者《かんじゃ》さんや家族が病院を選ぶ際に、精神保健福祉士の多くいる病院は人気がありますから、医療《いりょう》機関の収益増に十分貢献《こうけん》していることも事実です。

そのことをよく理解している医療《いりょう》経営者は、精神保健福祉士を多く採用しています。地域の社会福祉施設などは、一般《いっぱん》企業《きぎょう》と違《ちが》って非営利の公益法人です。施設《しせつ》の収入は障害者総合支援《しえん》法などの法律に基づいて実際の利用者数や時間によって決まっていますから、経営者が善意で待遇《たいぐう》をよくしようと考えてもなかなかできない仕組みになっています。

将来性

将来性というイメージは、民間の企業《きぎょう》と比較《ひかく》するのは少し難しいでしょう。しかし、現場で働いている多くの精神保健福祉士は、仕事にやりがいを感じているのも事実です。

人間を相手にする仕事ですし、利用者に喜ばれる仕事は、実にやりがいがあります。また、長く病院や施設《しせつ》に勤務している精神保健福祉士のなかには、病院の事務長や施設《しせつ》長になっている方も少なくありません。経験を活かして開業する方や教員になる方、自治体でも管理職になっている方、海外で活躍《かつやく》している方もいます。

このように社会的に見ても有益な仕事ですから、より自己研鑽《けんさん》して精神保健福祉士の働きが社会に広く認知されていけば、やがては社会的な待遇《たいぐう》もよくなると考えられます。

そのためにも資格を取得した場合は、全国的な職能団体である公益社団法人日本精神保《にほんせいしんほ》健福祉士協会《けんふくししきょうかい》に入会して、研修などで専門性をみがき、精神障害者の生活と権利を守り、自分たちの社会的認知や待遇《たいぐう》改善もいっしょに高めていくことをぜひお勧《すす》めします。

深い思いやりをもって、心の問題に対峙する姿勢を

増え続ける心の病

精神保健福祉士の仕事は、生活のしづらさをかかえた精神障害者や心の病をかかえた人びとの治療《ちりょう》や生活の相談に応じ、具体的に住む場や仕事の確保、日中活動の場を提供することで、病気の回復だけでなく、ごくあたりまえな暮《く》らしを支援《しえん》することです。

精神障害者は、重い精神科の病気に罹《かか》ったことで精神科病院に入院しているか、退院しても再発・再入院したり、仕事が長続きできなかったり、偏見《へんけん》や差別に日々苦しんでいたりして、社会人としてのふつうの社会生活を送るためには相当な援助《えんじょ》を必要とする人たちです。

また、心の病は誰《だれ》もが罹《かか》る可能性があります。みずから命を絶つ国民は、1995年以

降、14年連続して3万人を超《こ》える状態が続いていましたが、2012年に15年ぶりに3万人を下回り、最近は2万人台に減少してきました。しかし、少しでも予防活動を緩《ゆる》めるとまた増加に転じるリスクもあり、油断ができません。最近では、うつ病も大幅《おおはば》に増えており、ストレスに起因するいわゆる神経症《しょう》を含《ふく》めた精神科の患者《かんじゃ》さんは約400万人を超《こ》えています。このほかにも、医療《いりょう》機関を訪れていない社会的ひきこもりや高齢《こうれい》者の認知症《しょう》も増えていますから、心の健康問題はほんとうに深刻になっています。

こうした人びとに寄り添《そ》って仕事をする精神保健福祉士には、どのような適性や心構えが望まれるのでしょうか。つぎの四つがポイントになります。

①人間に対する「深い感性」を育てること。
②人間を「尊重」すること。
③現状に対して「なぜなのか?」の疑問を考え、掘《ほ》り下げること。
④解決するために、どうすればよいかを「そうぞう」すること。

人間に対する「深い感性」

社会人となり、仕事をする上でのものの見方や考え方は、人が成長し、教育を受け、社会に出て揉《も》まれることでだんだんと備わってきます。しかし、それ以上に大切なのは人間に対する「深い感性」を育てることです。そのためには、友だちと遊んだり、絵を描《か》いたり、音楽を聴《き》いたり、小説を読んだり、映画やドラマを見たり、自然の美しい風景を眺《なが》めたり、スポーツを楽しんだり、旅行に出かけたりするバリエーションのある毎日の暮《く》らしが基礎《きそ》になります。その中で感動した体験が財産になるのです。特に小説や映画は、人間のありようを疑似的に再現していますから、笑いや涙《なみだ》も、悲しみや怒《いか》りの感情も、育てるにはもってこいの素材です。

ただ「深い感性」とは単なる「同情」ではありません。「同情」は「憐《あわれ》み」であって、人間が本来もっている自尊心を損なうものです。後に述べる人間の「尊重」ではありません。状況《じょうきょう》や立場は違《ちが》っても理解して受容できる「共感」する心が、「深い感性」なのです。

人間の「尊重」

みなさんにも、好きな人や嫌《きら》いな人、ウマが合うタイプや苦手なタイプなど、いろいろな人がまわりにいるでしょう。しかし、対人援助《えんじょ》を専門とするソーシャルワーカーが、食べ物や趣味《しゅみ》のような感覚で人間を色分けするのは感心しません。

仮に「みすぼらしい」服装《ふくそう》をした人がいたとしても、その人の人間性すべてが「みすぼらしい」わけではありません。その人に病気や障害があっても、その人に病気や障害だけしかないわけでもありません。病気や障害はその人の一部であって、全部ではないのです。健康な部分のほうがむしろ多いといえます。高齢《こうれい》者は年齢《ねんれい》とともに身体の衰《おとろ》えが生じるといっても、赤《あか》ん坊《ぼう》に戻《もど》るわけではありません。人を外見だけで評価しないことや、その人の人格全体を尊重する見方を確立することがとても重要です。

そのためには、人間と社会の歴史や哲学《てつがく》を学ぶことが必要です。特に社会福祉を学ぶ人には、人権感覚がとても大切です。障害のある人間が今の社会で不当に扱《あつか》われていないか、特定の人に対する偏見《へんけん》や差別がないかを、日頃《ひごろ》から考えるようにしましょう。

現状に対する「疑問」の解明

こんなに豊かといわれる日本でなぜホームレスが生じるのか？　肉親が子や親を虐待《ぎゃくたい》するのはどうしてなのか？　なぜ自殺が増えたのか？　「孤独死《こどくし》」はどうして生じるのか？　ストレスがどうして心の病になるのか？　病気はもはや入院するほど悪くないのに、どうして長期入院患者《かんじゃ》が多いのか――？

こうした疑問をもったならば、それを解明しましょう。問題になっている現象には、必ず背景や原因があります。そしてその多くは個人の中にではなく、社会にあります。

ですから、社会の動きを知るために、新聞を読むこともテレビを見ることも大切ですが、もっと大事なのは自分なりに調べて解明しようとする探究心です。家族や友人たちとの会話も大切でしょう。この探究心を育てるには、学校でのふだんの勉強が大切になります。

よく「自分は理数系が弱いから福祉分野がいい」という人がいますが、それは間違《まちが》いです。この探究心は感性だけではだめで、探究する力が必要です。その力は、科学する学問の中心である理数系も嫌《きら》わずに学ぶことで身につくのです。

解決のための「そうぞう」

筆者たちの恩師である大橋謙策《おおはしけんさく》先生（日本社会事業大学《にほんしゃかいじぎょうだいがく》元学長）は、常日頃《ひごろ》、ソーシャルワーカーには、二つの「そうぞう」が必要だと言っています。

ひとつは、福祉の利用者が求めている願いや具体的な訴《うった》えをよく聴《き》くことで、利用者の置かれている状況《じょうきょう》や困難さをイメージする「想像」です。この想像する力は、専門書を読んだり人の話を聞いたりすることでも少しずつ身につけることができますが、なかなか体験していないとピンとこないかもしれません。しかし、誰《だれ》にとっても生きていれば成功や失敗、楽しかったことやつらかった思い出があります。人生の体験にムダというものはありません。要はたくさんの体験を積むことが大切なのです。

第二のそうぞうは、「創造」のことです。こちらは、体験でなんとかなるものではありません。「こうすればこうなる」と先を見通す力ですから、すぐに身につくものでもありません。そのために、社会福祉に関する専門的な知識や技術を学んでいく必要があるでしょう。また、現場での援助《えんじょ》の経験を積み重ねることで、最初は新人でも、しだいにできるようになります。

適性とは、よく性格や行動特性を話題にしがちですが、今まで述べてきたように、もともと精神保健福祉士に適した性格や行動特性というものは特定されていません。対人援助《えんじょ》職といっても、物を売り込《こ》む営業職ではありません。自分なりのクセや性格傾向《けいこう》を知っていれば、仮に内気な人でも、口下手な人でもだいじょうぶでしょう。

なるにはコース・養成校カリキュラム

取り巻く環境の変化にともない養成課程の教育内容が見直しに

精神保健福祉士になるために学ぶこと

精神保健福祉士になるためには、具体的にどんな科目を学ぶのかを見ていきましょう。

精神保健福祉士に必要とされる学問は、社会福祉の「価値」を基盤《きばん》に、具体的に身につけなければならない社会福祉や精神保健に関する「専門的な知識」と、人間と社会を中心とした「関連する幅《はば》の広い知識」、そして具体的に実践《じっせん》するための「技術」です。

指定科目は、社会福祉士と共通の科目が「人体の構造と機能及《およ》び疾病《しっぺい》」「心理学理論と心理的支援《しえん》」「社会理論と社会システム」「現代社会と福祉」「地域福祉の理論と方法」「社会保障」「低所得者に対する支援《しえん》と生活保護制度」「福祉行財政と福祉計画」「保健医療《いりょう》サービス」「権利擁護《ようご》と成年後見制度」「障害者に対する支援《しえん》と障害者自立支援《しえん》制度」の11科目です。

つぎに精神保健福祉士に独自の専門指定科目は、「精神疾患《しっかん》とその治療《ちりょう》」「精神保健の課題と支援《しえん》」「精神保健福祉相談援助《えんじょ》の基盤《きばん》（基礎《きそ》）」「精神保健福祉相談援助《えんじょ》の基盤《きばん》（専門）」「精神保健福祉の理論と相談援助《えんじょ》の展開」「精神障害者の生活支援《しえん》システム」「精神保健福祉援助《えんじょ》演習（基礎《きそ》）」「精神保健福祉援助《えんじょ》演習（専門）」「精神保健福祉援助《えんじょ》実習指導」「精神保健福祉援助《えんじょ》実習」の10科目です。

なお、試験はすべて筆記試験ですので、演習や実習の試験はありませんが、技術を習得するうえで「精神保健福祉援助《えんじょ》演習」と「精神保健福祉援助《えんじょ》実習」は必修科目となっています。特に精神保健福祉援助《えんじょ》実習は、社会福祉士が１８０時間となっていますが、精神保健福祉士は２１０時間と定められました。

また、近年の精神保健福祉士を取り巻く環境《かんきょう》の変化にともない、精神保健福祉士が果たす役割が、精神障害者に対する援助《えんじょ》のみならず、精神障害などによって日常生活または社会生活に支援《しえん》を必要とする人や、精神保健（メンタルヘルス）の課題をかかえる人への援《えん》助《じょ》へと拡大してきました。これにより、社会福祉士の養成課程の教育内容の見直しと併《あわ》せて、精神保健福祉士の教育内容の見直しも行われました。新たな養成カリキュラムのおおまかな特徴《とくちょう》は、つぎの通りです。

①精神保健福祉における理念、視点や関係性などの基礎的《きそてき》な枠組《わくぐ》みを習得し、精神障害者の基本的人権の保障と社会正義の実現を担う専門職として、精神保健福祉士の存在意義や役割について理解することを目的とした、「精神保健福祉の原理」（60時間）を、精神保健福祉士養成の中核《ちゅうかく》を成す科目として創設。

②精神保健福祉士の役割の変化に応じて、「刑事司法と福祉」（30時間）及《およ》び「地域福祉と包括的支援体制《ほうかつてきしえん》」（60時間）を創設。

③精神保健福祉士としての基盤《きばん》を構築する観点から、現行3科目のうち1科目の履修《りしゅう》とされている「人体の構造と機能及《およ》び疾病《しっぺい》」「心理学理論と心理的支援《しえん》」「社会理論と社会システム」の3科目が必修（見直し後は「医学概論《がいろん》」「心理学と心理的支援《しえん》」「社会学と社会システム」）。

④精神障害リハビリテーションの概念《がいねん》や、プログラム及《およ》び方法について理解し、基本的な技術を身につけ、実践《じっせん》で活用できる精神保健福祉士を養成するため、ソーシャルワーク技術を学ぶソーシャルワークの理論と方法とは別に、「精神障害リハビリテーション論」を創設。

⑤ソーシャルワーク技術の実践《じっせん》能力を有する精神保健福祉士を養成するため、「講義―演習―実習」の学習の循環《じゅんかん》をつくるとともに、ソーシャルワークの専門職である精神保健

図表9 精神保健福祉士養成課程の教育内容（大学等指定科目）

新カリキュラム（社会福祉士と共通科目）	旧カリキュラム（社会福祉士と共通科目）
①医学概論	①人体の構造と機能及び疾病
②心理学と心理的支援	②心理学理論と心理的支援
③社会学と社会システム	③社会理論と社会システム
④社会福祉の原理と政策	④現代社会と福祉
⑤地域福祉と包括的支援体制	⑤地域福祉の理論と方法
⑥社会保障	⑥社会保障
⑦障害者福祉	⑦低所得者に対する支援と生活保護
⑧権利擁護を支える法制度	⑧福祉行財政と福祉計画
⑨刑事司法と福祉	⑨保健医療サービス
⑩社会福祉調査の基礎	⑩権利擁護と成年後見制度
⑬ソーシャルワークの基盤と専門職	⑪障害者に対する支援と障害者自立支援制度
⑮ソーシャルワークの理論と方法	⑭精神保健福祉相談援助の基盤（基礎）
⑲ソーシャルワーク演習	⑲精神保健福祉援助演習（基礎）
（精神保健福祉士専門科目）	（精神保健福祉士専門科目）
⑪精神医学と精神医療	⑫精神疾患とその治療
⑫現代の精神保健の課題と支援	⑬精神保健の課題と支援
⑭精神保健福祉の原理	⑮精神保健福祉相談援助の基盤（専門）
⑯ソーシャルワークの理論と方法（専門）	⑯精神保健福祉の理論と相談援助の展開
⑰精神障害リハビリテーション論	⑯精神保健福祉の理論と相談援助の展開
⑱精神保健福祉制度論	⑰精神保健福祉に関する制度とサービス ⑱精神障害者の生活支援システム
⑳ソーシャルワーク演習（専門）	⑳精神保健福祉援助演習（専門）
㉑ソーシャルワーク実習指導	㉑精神保健福祉援助実習指導
㉒ソーシャルワーク実習	㉒精神保健福祉援助実習

※旧カリキュラムのうち、社会福祉士と共通科目であった⑦低所得者に対する支援と生活保護、⑧福祉行財政と福祉計画、⑨保健医療サービス、⑩権利擁護と成年後見制度、⑪障害者に対する支援と障害者自立支援制度は廃止または新科目に統合されています。
※試験科目から、ソーシャルワーク演習（共通・専門）、ソーシャルワーク実習指導・実習科目は除かれます。

資料：厚生労働省社会・援護局障害保健福祉部精神・障害保健課

福祉士と社会福祉士の養成課程において共通して学ぶべき内容（ソーシャルワーク演習30時間）と、精神保健福祉士として専門的に学ぶべき内容（ソーシャルワーク演習〈専門〉）が明確になるよう、科目を再構築。また、ソーシャルワーク演習を共通科目とすることに併せて、社会福祉士養成課程との合同授業が可能。

その他にも、実習施設《しせつ》の拡大や、実習時間の一部免除《めんじょ》など細かな改正内容があります。

なお、新カリキュラムは２０２１年度から実施《じっし》され、第27回（２０２５年２月実施《じっし》）試験から、新たな教育内容に基づいた試験問題となります。

なるにはコース・資格取得までの道のり

自分に合った適切なルートで資格取得をめざそう

受験資格を得ることがスタート

毎年1回、社会福祉士国家試験と合わせた日程（2月の第1日曜日、ただし、精神保健福祉士の試験は土・日曜日の2日間）で、精神保健福祉士の国家試験が行われます。まずはこの試験に合格することが必要です。そのためには、精神保健福祉士を養成している教育機関・施設《しせつ》で勉強することです。

受験資格を取得する養成課程のルートは、11通りと少し複雑ですが図表10のようなコースがあります。

これらのルートの中で代表的なものは、つぎの4ルートにまとめることができます。

①保健福祉系の4年制大学で、受験資格に必要な指定科目（実習や演習を含《ふく》む）をすべ

図表10 精神保健福祉士資格取得ルート図

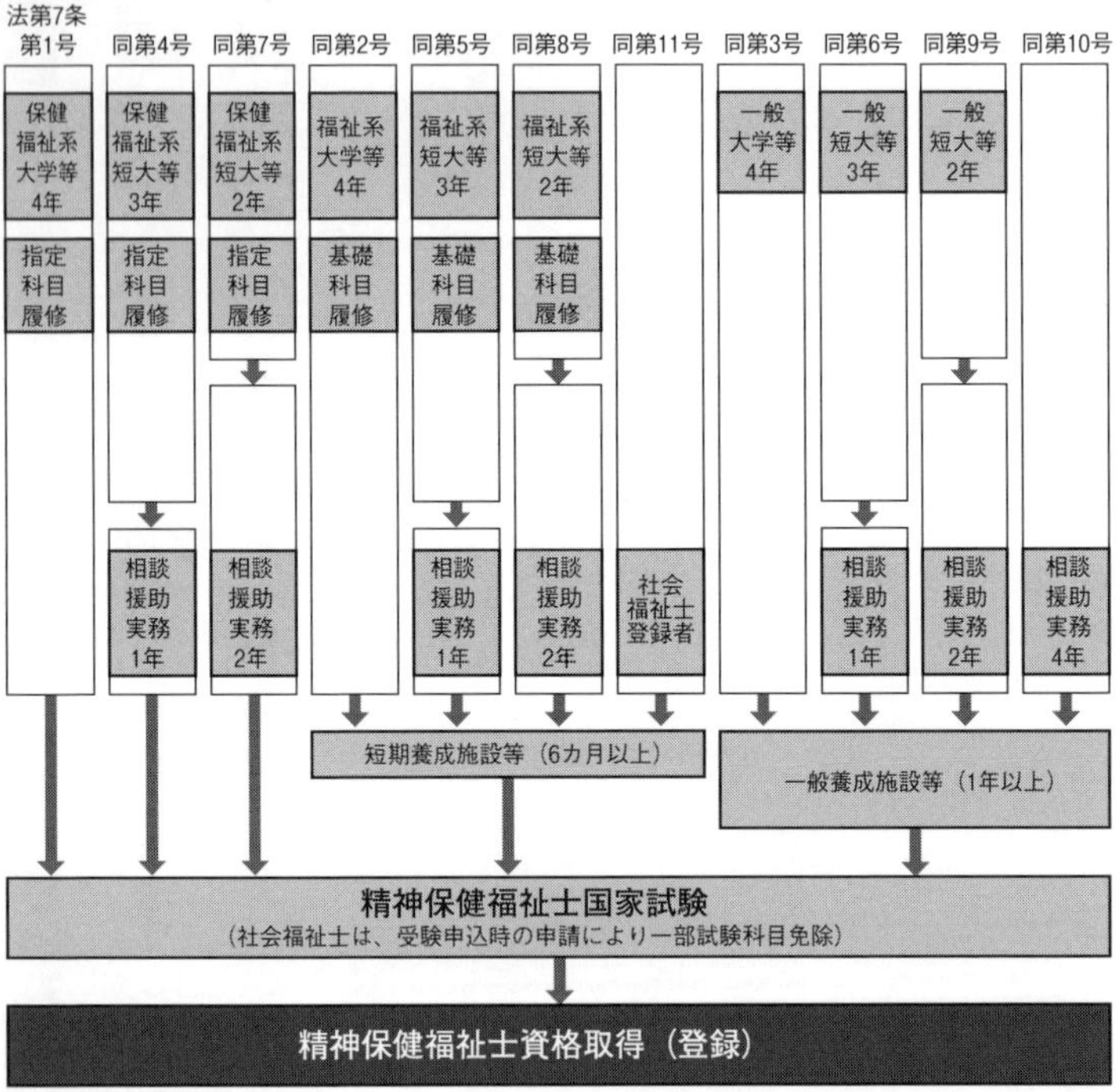

資料：公益財団法人社会福祉振興・試験センター

て履修《りしゅう》する。

②福祉系短期大学や専門学校での指定科目（実習や演習を含《ふく》む）を履修《りしゅう》し、相談援助《えんじょ》の実務経験を積む。

③一般《いっぱん》大学を卒業後に精神保健福祉士の一般《いっぱん》養成施設《しせつ》に進み受験に必要な指定科目（実習や演習を含《ふく》む）を学ぶか、または短期大学を卒業後に指定された施設《しせつ》において相談援助《えんじょ》の実務経験を1年もしくは2年積んでから、精神保健福祉士の短期養成施設《しせつ》または一般《いっぱん》養成施設《しせつ》で受験に必要な科目（基礎《きそ》科目）を学ぶ。

④すでに社会福祉士の資格をもっている人は、指定された精神保健福祉士の独自科目を履修《りしゅう》する。

なお、専門学校などの一般《いっぱん》養成施設《しせつ》や短期養成施設《しせつ》では、通信課程や夜間課程で学ぶことができるところもあります。

精神保健福祉士試験

この試験は、厚生労働大臣の指定を受けた指定試験機関・指定登録機関である、社会福祉振興・試験センターが、厚生労働大臣に代わって実施《じっし》および登録の事務などの運営管理を行っています。具体的な試験日程は、例年、国から9月上旬《じょうじゅん》には発表されます。また、試験日程は、社会福祉振興・試験センターのホームページ（100ページ）や官報、福祉新聞などにも掲載《けいさい》されます。もちろん、大学や養成施設《しせつ》でも周知されます。

試験地は北海道《ほっかいどう》、宮城《みやぎ》県、東京《とうきょう》都、愛知《あいち》県、大阪《おおさか》府、広島《ひろしま》県および福岡《ふくおか》県の7カ所です。

受験資格

①4年制大学で指定科目を修めて卒業した人（当該《とうがい》年度までに卒業見込《みこ》みの人を含《ふく》む）。
②2年制（または3年制）短期大学などで指定科目を修めて卒業し、指定施設《しせつ》において2年以上（または1年以上）相談援助《えんじょ》の業務に従事した人（当該《とうがい》年度までに従事する見込《みこ》みの人を含《ふく》む）。
③精神保健福祉士短期養成施設《しせつ》（6カ月以上）を卒業（修了《しゅうりょう》）した人（当該《とうがい》年度までに卒業〈修了《しゅうりょう》〉見込《みこ》みの人を含《ふく》む）。
④精神保健福祉士一般《いっぱん》養成施設《しせつ》（1年以上）を卒業（修了《しゅうりょう》）した人（当該《とうがい》年度までに卒業〈修了《しゅうりょう》〉見込《みこ》みの人を含《ふく》む）。

出題基準など

精神保健福祉士国家試験の出題基準などについては、社会福祉振興・試験センターのホームページに掲載《けいさい》されます。また、有料ですが、冊子としても刊行されています。

出題される科目

試験科目は養成校カリキュラムのページにある図表9のようになります。

２０２１年度からは、社会福祉士と共通の指定科目は、「医学概論《がいろん》」「心理学と心理的支援《しえん》」「社会学と社会システム」「社会福祉の原理と政策」「地域福祉と包括的支援体制《ほうかつてきしえん》」「社会保障」「障害者福祉」「権利擁護《ようご》を支える法制度」「刑事司法と福祉」「社会福祉調査の基礎《きそ》」「ソーシャルワークの基盤《きばん》と専門職」「ソーシャルワークの理論と方法」の12科目（演習科目と実習を除いて）となります。

そして精神保健福祉士の専門指定科目は、「精神医学と精神医療《いりょう》」「現代の精神保健の課題と支援《しえん》」「精神保健福祉の原理」「精神障害リハビリテーション論」「精神保健福祉制度論」「ソーシャルワークの理論と方法（専門）」の6科目となります。

ただし、社会福祉士の資格をすでにもっている場合は、受験申込者《もうしこみ》からの申請《しんせい》により、社会福祉士国家試験との共通科目が免除《めんじょ》されます。

図表11 精神保健福祉士国家試験の受験者・合格者の推移

区分	受験者数（人）	合格者数（人）	合格率（%）
第16回	7,119	4,149	58.3
第17回	7,183	4,402	61.3
第18回	7,173	4,417	61.6
第19回	7,174	4,446	62.0
第20回	6,992	4,399	62.9
第21回	6,779	4,251	62.7
第22回	6,633	4,119	62.1

資料：公益財団法人社会福祉振興・試験センター

合格者の発表

毎年、ほぼ3月中旬《ちゅうじゅん》に合格者の受験番号、合格基準点および正答が厚生労働省および社会福祉振興・試験センターのホームページに掲載《けいさい》され、試験合格者には同日付けで合格証書が郵送により交付されます。

合格率

精神保健福祉士国家試験は、1999年より年1回実施《じっし》され、2021年2月までに23回実施《じっし》されました。受験者数は近年7000人程度です。近年の合格率は60パーセント前後で推移しています。また、学校別合格率も公表されています。

合格基準

これまでの精神保健福祉士国家試験の合格基準では、以下の二つの項目《こうもく》の両方を満たすことが必要となります。

①問題の総得点（配点は、1問1点の163点満点）の60パーセント程度を基準として、問題の難易度で補正した点数以上の得点の者。

②試験科目（精神保健福祉援助《えんじょ》技術については、「一問一答問題」と「事例問題」を別個の試験科目とみなす）16科目（試験科目の一部免除《めんじょ》を受けた受験者にあっては5科目）の各科目群すべてにおいて得点（試験科目の一部免除《めんじょ》を受けた受験者にあっては配点は、1問1点の80点満点）があった者。

精神保健福祉士の資格の取得

精神保健福祉士は、毎年2月の第1土日に行われる精神保健福祉士の国家試験に合格した人が、定められた登録料を納め、所定の事項《じこう》について登録を受けることにより、精神保健福祉士の資格を取得することができます。

フローチャート　社会福祉士

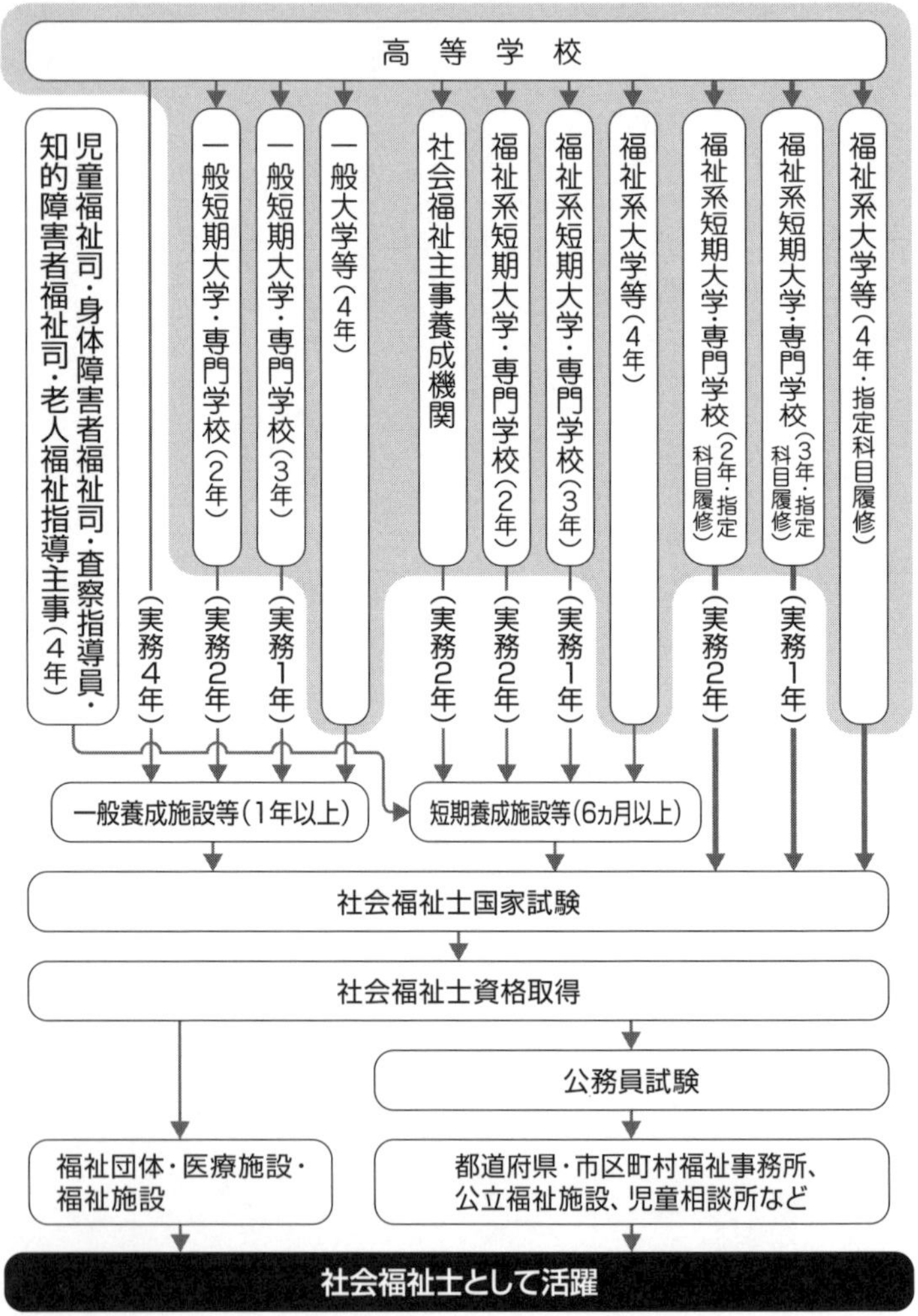

フローチャート　精神保健福祉士

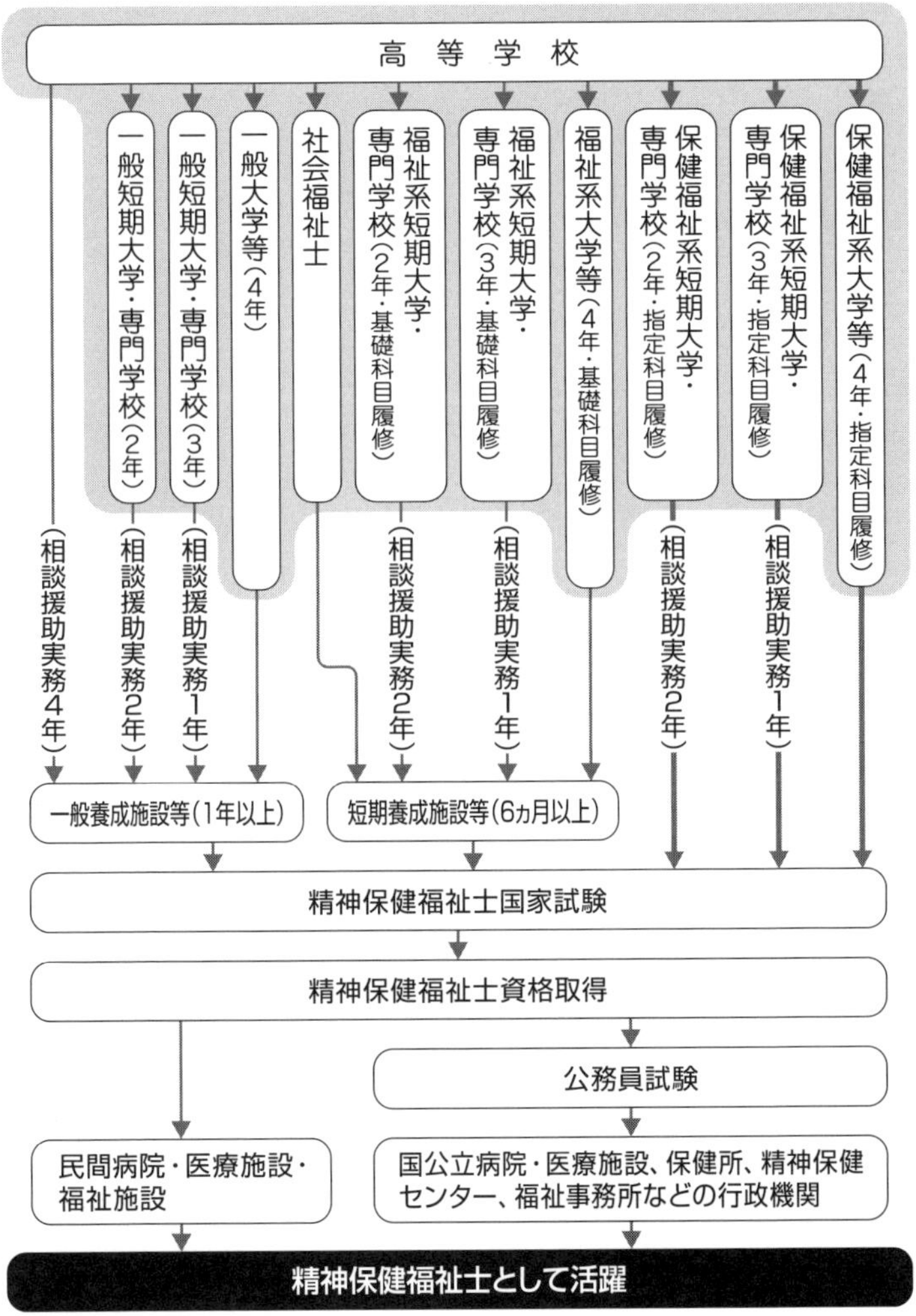
高等学校
一般短期大学・専門学校（2年）
一般短期大学・専門学校（3年）
一般大学等（4年）
社会福祉士
福祉系短期大学・専門学校（2年・基礎科目履修）
福祉系短期大学・専門学校（3年・基礎科目履修）
福祉系大学等（4年・基礎科目履修）
保健福祉系短期大学・専門学校（2年・指定科目履修）
保健福祉系短期大学・専門学校（3年・指定科目履修）
保健福祉系大学等（4年・指定科目履修）
（相談援助実務4年）
（相談援助実務2年）
（相談援助実務1年）
（相談援助実務2年）
（相談援助実務1年）
（相談援助実務2年）
（相談援助実務1年）
一般養成施設等（1年以上）
短期養成施設等（6ヵ月以上）
精神保健福祉士国家試験
精神保健福祉士資格取得
公務員試験
民間病院・医療施設・福祉施設
国公立病院・医療施設、保健所、精神保健センター、福祉事務所などの行政機関
精神保健福祉士として活躍

なるにはブックガイド

**『ソーシャルワーカーという仕事』
（ちくまプリマー新書）**

宮本節子
筑摩書房

ソーシャルワーカーは人の人生に関与する大切な仕事。では具体的にどんなことをしているのか。著者がソーシャルワーカーとして働いていた時のエピソードをもとに、仕事の内容や大事な視点がわかりやすく紹介されています。

**『地域を変える
ソーシャルワーカー』
（岩波ブックレット）**

朝比奈ミカ・菊池馨実編
岩波書店

コロナ禍において地域生活を支えるにはどうしたらよいか。苦しい状況にある人びとに向き合い、さらに誰もが排除されることのない地域づくりに向かって働いているソーシャルワーカーたちの活動と思いが綴られています。

『メンヘラちゃん』全２巻

琴葉とこ
イースト・プレス

心に病をもつ少女「メンヘラちゃん」と友人たちの交流を描いた心温まる物語です。ヒロインはうつ病やパニック障害など精神疾患を患う女の子。著者はみずからも不登校を体験し、「いつ誰が陥るかわからない『心の病』をもってしまった人に対しても、共感し理解しようと思う一助にしたい」と執筆動機を語ります。

『統合失調症がやってきた』（幻冬舎こころの文庫）

松本ハウス
幻冬舎

お笑い芸人・ハウス加賀谷の闘病記。統合失調症のため中学生で幻聴、高校生で幻覚が現れました。グループホームに２年間入所し、病気も回復、お笑い芸人の道を歩みますが売り出した矢先に再発。精神科病院への入院、退院後の生活、コンビを再開し芸人復帰など、人生模様を明るく語っています。

※映画（ＤＶＤ）では、『ビューティフル・マインド』『私の頭の中の消しゴム』もお勧めです。

職業MAP！　興味があるのはどの仕事？

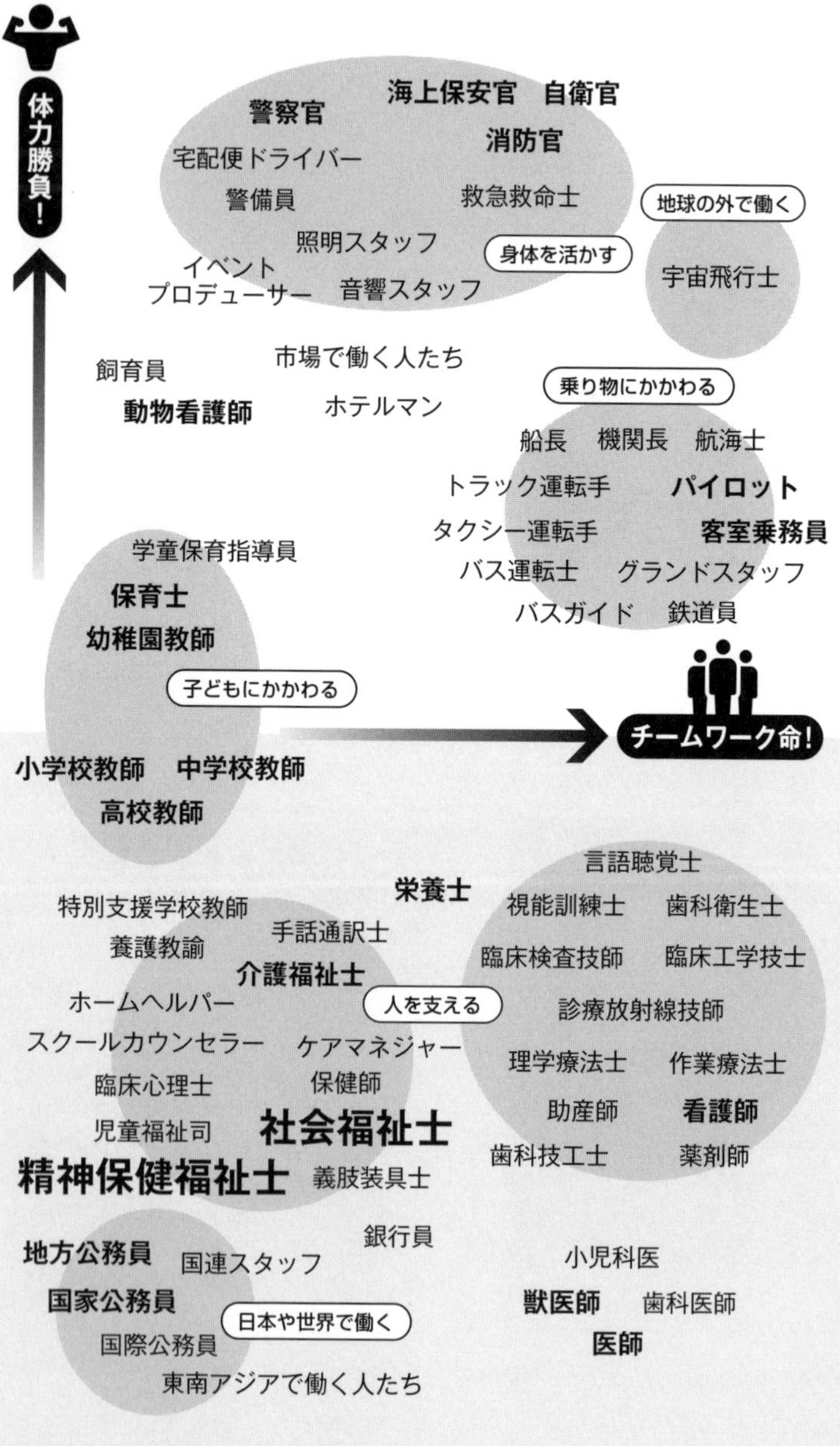
体力勝負！
チームワーク命！
身体を活かす
海上保安官
自衛官
警察官
消防官
宅配便ドライバー
警備員
救急救命士
照明スタッフ
イベントプロデューサー
音響スタッフ
地球の外で働く
宇宙飛行士
飼育員
市場で働く人たち
動物看護師
ホテルマン
乗り物にかかわる
船長
機関長
航海士
トラック運転手
パイロット
タクシー運転手
客室乗務員
バス運転士
グランドスタッフ
バスガイド
鉄道員
学童保育指導員
保育士
幼稚園教師
子どもにかかわる
小学校教師
中学校教師
高校教師
言語聴覚士
栄養士
視能訓練士
歯科衛生士
特別支援学校教師
手話通訳士
養護教諭
臨床検査技師
臨床工学技士
介護福祉士
人を支える
ホームヘルパー
診療放射線技師
スクールカウンセラー
ケアマネジャー
理学療法士
作業療法士
臨床心理士
保健師
助産師
看護師
児童福祉司
社会福祉士
歯科技工士
薬剤師
精神保健福祉士
義肢装具士
銀行員
地方公務員
国連スタッフ
小児科医
国家公務員
獣医師
歯科医師
日本や世界で働く
国際公務員
医師
東南アジアで働く人たち

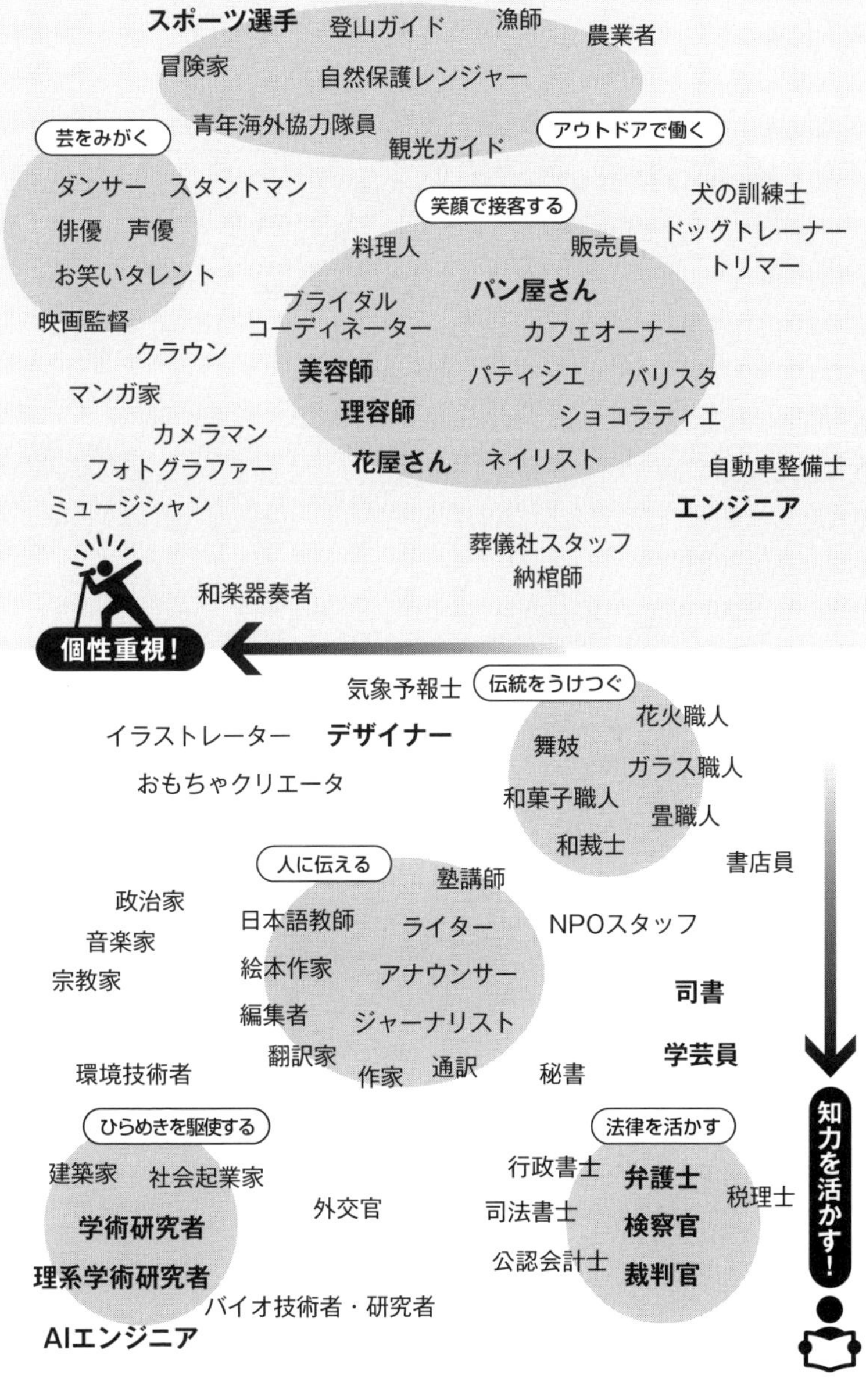
スポーツ選手
登山ガイド
漁師
農業者
冒険家
自然保護レンジャー
青年海外協力隊員
観光ガイド
アウトドアで働く
芸をみがく
ダンサー
スタントマン
俳優
声優
お笑いタレント
映画監督
クラウン
マンガ家
カメラマン
フォトグラファー
ミュージシャン
和楽器奏者
笑顔で接客する
料理人
販売員
パン屋さん
ブライダルコーディネーター
カフェオーナー
美容師
パティシエ
バリスタ
理容師
ショコラティエ
花屋さん
ネイリスト
犬の訓練士
ドッグトレーナー
トリマー
自動車整備士
エンジニア
葬儀社スタッフ
納棺師
個性重視！
気象予報士
伝統をうけつぐ
花火職人
舞妓
ガラス職人
和菓子職人
畳職人
和裁士
イラストレーター
デザイナー
おもちゃクリエータ
書店員
人に伝える
塾講師
政治家
音楽家
宗教家
日本語教師
ライター
絵本作家
アナウンサー
編集者
ジャーナリスト
翻訳家
作家
通訳
NPOスタッフ
司書
学芸員
秘書
環境技術者
ひらめきを駆使する
建築家
社会起業家
学術研究者
理系学術研究者
バイオ技術者・研究者
AIエンジニア
外交官
法律を活かす
行政書士
司法書士
公認会計士
弁護士
検察官
裁判官
税理士
知力を活かす！

［編著者紹介］

田中英樹（たなか ひでき）

日本社会事業大学大学院博士後期課程修了。博士（社会福祉学）。精神保健福祉士。精神保健福祉相談員、医療社会事業員として27年間勤務した後、佐賀大学、長崎ウエスレヤン大学、早稲田大学などで教育研究に従事。現在は東京通信大学人間福祉学部教授。主な著書に『精神障害者支援の思想と戦略―QOLからHOLへ』（金剛出版）がある。

菱沼幹男（ひしぬま みきお）

日本社会事業大学大学院博士後期課程修了。博士（社会福祉学）。社会福祉士。社会福祉協議会職員、高齢者デイサービスセンター生活相談員などを経て、現在は日本社会事業大学社会福祉学部准教授。主な著書に『コミュニティソーシャルワークの新たな展開』（共編者・中央法規）などがある。

社会福祉士《しゃかいふくしし》・精神保健福祉士《せいしんほけんふくしし》になるには

2021年 6 月20日　初版第1刷発行
2021年12月25日　初版第2刷発行

編著者　田中英樹　菱沼幹男
発行者　廣嶋武人
発行所　株式会社ぺりかん社
〒113-0033　東京都文京区本郷1-28-36
TEL 03-3814-8515（営業）
03-3814-8732（編集）
http://www.perikansha.co.jp/
印刷所　大盛印刷株式会社
製本所　鶴亀製本株式会社

ISBN978-4-8315-1591-9　Printed in Japan